Der Staatsminister von Raumer

Seine Verwaltung des Ministeriums der geistlichen, Unterrichts- und

Medizinalangelegenheiten in Preußen

Der Staatsminister von Raumer
Seine Verwaltung des Ministeriums der geistlichen, Unterrichts- und Medizinalangelegenheiten in Preußen

ISBN/EAN: 9783743491809

Hergestellt in Europa, USA, Kanada, Australien, Japan

Cover: Foto ©ninafisch / pixelio.de

Manufactured and distributed by brebook publishing software (www.brebook.com)

Der Staatsminister von Raumer

Der

Staatsminister von Raumer

und seine

Verwaltung des Ministeriums

der

geistlichen, Unterrichts- u. Medicinal-Angelegenheiten

in Preußen.

Berlin.
Verlag von Wilhelm Hertz.
(Besser'sche Buchhandlung.)
1860.

Der
Staatsminister von Raumer

und seine

Verwaltung des Ministeriums

der

geistlichen, Unterrichts- und Medicinal-Angelegenheiten

in Preußen.

*Plus être
que paraître.*

Berlin.
Verlag von Wilhelm Hertz.
(Besser'sche Buchhandlung.)

Inhalt.

	Seite
I. Familie. Amtsantritt. Allgemeine Characteristik	4
II. Evangelische Kirche	18
Verfassungsfrage	19
Dissidenten	24
Eherecht	32
Union	41
Ressortfrage	45
Ablösungsgesetz	49
III. Katholische Kirche	51
IV. Oeffentlicher Unterricht	63
Universitäten	72
Gelehrtenschule	81
Volksschule	89
V. Medicinalwesen	102
VI. Schluß	105

Seit der Errichtung des Ministeriums der geistlichen, Unterrichts- und Medicinal-Angelegenheiten in Preußen treten in dessen Verwaltung drei Hauptabschnitte hervor, die theils durch politische Ereignisse von allgemeiner Bedeutung, theils durch Wechsel in den leitenden Persönlichkeiten bestimmt werden. Fast durchgängig coincidiren beide Momente, ohne jedoch immer in ursächlichem Zusammenhang zu stehen.

Bei der Abzweigung der Kirchen- und Schulsachen von dem Departement des Innern wurde, wie bekannt, die Leitung des neuerrichteten Ministeriums dem Staats-Minister Freiherrn von Altenstein übertragen. Er war der erste Chef der nach den neuen Organisations-Principien gebildeten kirchlichen Central-Behörde, der außer dem gesammten Unterrichts- auch das Medicinalwesen zugewiesen worden. Beinah dreiundzwanzig Jahre hindurch stand er derselben vor. Erst kurz vor dem Hintritt seines Königlichen Herrn endete mit seinem Leben seine Amtsführung, so daß Thron- und Ministerwechsel fast zusammenfielen. [1817—1840].

Das bedeutungsvolle Jahr 1840 brachte den Minister Eichhorn an die Spitze der Geschäfte, die er bis zum Schluß der ersten Regierungsperiode Seiner Majestät des jetzt regierenden Königs fortführte. Durch die Märztage des Jahres 1848 erreichte seine vielgeschäftige und vielangefochtene Verwaltung ihr Ende. Obwohl der Zeit nach ungleich kürzer als die Altensteinsche, war sie der Sache nach von nicht geringerer Bedeutung, die sich weiter erstreckte, als bloß auf das ressortmäßige Bereich des Kirchen- und Schulwesens. [1840—1848].

Unter den Erschütterungen und den schnell wechselnden Ministerien der Jahre 1848—50 konnte aus nah liegenden Gründen von einer geordneten und eingehenden Thätigkeit der Departements-Chefs speciell in den Angelegenheiten ihres Ressorts nicht die Rede sein. Auch der Minister von Ladenberg war zu kurze Zeit im Amt und anderweit zu sehr in Anspruch genommen, als daß seine Verwaltung für Kirche und Schule in der einen oder andern Richtung nachhaltige Folgen hätte äußern können. — Anders mit seinem Nachfolger, dem Minister von Raumer. Ihm war wiederum eine beinah achtjährige Amtswirksamkeit beschieden und damit Zeit und Gelegenheit geboten, den besonderen Aufgaben des Ministeriums in altpreußischer Weise gerecht zu werden. Seine Amtsführung ist es, der die dritte Epoche in der Verwaltung des Cultus-Ministeriums nicht nur der Zeit nach beinah ganz ausfüllt, sondern die derselben auch ihren bestimmten Charakter und bleibenden Ausdruck giebt. Auch ihren Anfang bezeichnet ein bedeutendes politisches Ereigniß — der ausgesprochene Bruch mit der kleindeutschen Unionspolitik, der v. Ladenberg's Ausscheiden aus dem Cabinet zur Folge hatte. Ihr Ende aber, das zugleich den Schluß der Hauptepoche bildet, wurde herbeigeführt durch die Einsetzung der Regentschaft und den allgemeinen Ministerwechsel. [1848—1858].

Eine vollständige actenmäßige Darstellung dieser letzten Epoche ist noch nicht an der Zeit. Die Gründe, die einer solchen Publication entgegenstehen, bedürfen für die Kreise, in denen wir unsre Leser zu suchen haben, keiner Erörterung.

Inzwischen ist durch das im verflossenen Jahre erfolgte Abscheiden des Mannes, den wir so eben als den Hauptvertreter der dritten Epoche kennen gelernt, Antrieb und Anlaß vollauf gegeben, dessen Leben und öffentliches Wirken kurz darzulegen und diese Darlegung wird, indem sie seine ministerielle Thätigkeit nach ihren Hauptrichtungen und Zielpunkten verfolgt, dem oben Bemerkten zufolge von selbst als ein nicht unerheblicher Beitrag zur Geschichte der Verwaltung des Ministeriums in dem gedachten Zeitraum sich erweisen. Ihr sind die folgenden Blätter gewidmet.

Es reproduciren dieselben im Zusammenhange — übrigens mit mehrfachen Aenderungen — eine Reihe von Aufsätzen, die zu Anfang dieses Jahres in der Neuen Preußischen Zeitung einzeln erschienen sind. Außer den der Oeffentlichkeit angehörenden Thatsachen und allgemein zugänglichen Quellen liegen ihnen umfassende Aufzeichnungen zu Grunde, die, eine Frucht der Muße seines letzten Lebensjahrs, der verewigte Minister über seine Verwaltung hinterlassen hat und die ebenso wichtig sind für das innere Verständniß seiner Anschauungs= und Handlungsweise, wie reichhaltig an thatsächlichem Material.

I.

Familie. — Amtsantritt. — Allgemeine Charakteristik.

Wenn wir zuvörderst auf die v. Raumer'sche Familie und ihre Vergangenheit einen flüchtigen Blick werfen, so wird dies einer Entschuldigung oder Erläuterung nicht bedürfen. Es reflectiren sich in dieser Familiengeschichte so bedeutsame Züge der allgemeinen Entwickelung der öffentlichen Dinge und Zustände in Deutschland, daß sie auch für sich und ohne ihre Beziehung auf den Hauptgegenstand unserer Darstellung von Interesse sein könnten. Wir sehen darin abgespiegelt den seit den Anfängen unserer staatlichen Bildungen wahrnehmbaren Zuzug höherer Cultur-Elemente von Süd- nach Nord-Deutschland, und wir sehen denselben, wie in zahlreichen ähnlichen Fällen, ursächlich veranlaßt und vermittelt durch das größte Ereigniß der Deutschen Geschichte — die Reformation. Wir sehen ferner und im genauen Zusammenhange hiermit das, wenn auch langsame, doch unausbleibliche Anschließen dieser Elemente an die neu sich erhebende protestantische Großmacht, die naturgemäß verwandte Strebungen und Kräfte an sich ziehen mußte. Eine nicht geringe Zahl fremder Familien, die sich im Civil- und Militärdienst hervorgethan haben, sind solchergestalt nach Preußen gekommen, und wenn etwas die früh bemerkbare Richtung des Preußischen Wesens auf das Staatliche und Allgemeine einerseits klar documentirt, andererseits wirksam gefördert hat, so ist es die fortgesetzte Ergänzung der im Staatsdienst arbeitenden Kräfte aus andern deutschen, ja selbst nichtdeutschen Ländern.

Unter den Familien, die hier zu nennen wären und die neben der Aristokratie des landsässigen Adels vorzugsweise als Aristokratie des höhern Beamtenthums — recht eigentlich als Ministerialen — charakterisirt werden können, nimmt die Raumer'sche nicht die letzte Stelle ein.

Es stammen die v. Raumer, in älterer Zeit auch v. Raamer genannt, ursprünglich aus Baiern, woselbst sie in Rain beim Einfluß des Lechs in die Donau ansässig waren; daher die häufige Bezeichnung der Raamer v. Rain. Gegen das Ende des 16. Jahrhunderts treffen wir sie — anscheinend in Folge der Reformation — in der Oberpfalz und zwar in und bei Eschenbach. Als nach der Schlacht bei Prag die Oberpfalz an Baiern kam und einer gewaltsamen Gegenreformation sich preisgegeben sah, wurde im Jahre 1622 der damals 12jährige Georg Raumer, „damit er dem streitigen Reformationseifer entweichen möchte", heimlich nach Weißenburg im Nordgau und auf das dortige Gymnasium gebracht. Er war es, der die Familie, von der einzelne Glieder jedoch als Katholiken in der Heimath zurückblieben, nach Norddeutschland verpflanzte.

Nachdem er in Leipzig und Wittenberg Theologie studirt, gab ein Besuch im benachbarten Anhalt Anlaß zu seiner Berufung nach Dessau, woselbst er Hofprediger, Superintendent und Consistorialrath wurde. Oft erinnerte er sich der Flucht aus der Heimath und „daß er unter viel tausend Thränen und Seufzern in seiner Geburtsstadt auf öffentlichem Markt kurz vor seinem Abschiede von den Eltern alle Bibeln, Katechismos und andere evangelisch geistliche Bücher, so die Unterthanen von sich zu geben gezwungen worden, verbrennen sehen müssen." Pikant genug weiß dieselbe Familien-Aufzeichnung, die uns diese Notiz aufbewahrt, zu berichten, wie eines Tages im Pfarrhaus zu Dessau ein Klosterbruder erschienen sei und gastliche Aufnahme gefunden habe. Es war ein Vetter des Superintendenten, Namens Ludwig v. Raumer, frater ordinis Praedicatorum, gestorben 1675 im Dominicaner-Kloster Pettau in Steiermark. — — Solche Züge gehören zum Bilde des 17. Jahrhunderts, als Commentar zu dem leider vergessenen „usque ad compositionem Christianam dissidii religionis" des Westfälischen Friedens, dem laut dieser oft und nachdrücklich wiederholten Resolutiv-Clausel der uns geläufige Gedanke einer Perpetuirung der Kirchentrennung noch fremd war.

Georg Raumer (der Superintendent), angesehen als Geistlicher und Theologe, in stetem literarischen Verkehr mit den Hauptvertretern beider evangelischer Confessionen, Mitarbeiter an dem Friedenswerk des Duraeus und feind dem „Zank und Streit der Geistlichen, so er nie genug beseufzen konnte", hinterließ aus seiner Ehe mit Doroth. Elis. v. Bergen drei Söhne, von denen der älteste Friedrich Gottlieb, geb. 1643, nach sorgfältigen Studien und mehrjährigem Aufenthalt in den Niederlanden,

Frankreich und Italien, als Fürstlich Anhaltischer Gesammt=
rath und Regierungs=Director vielfach zu wichtigen Missionen
in Landes= und Reichs=Angelegenheiten verwendet, durch
Kaiser Joseph I. 1693 den Adel der Familie erneuern
ließ. Diese Erneuerung wurde, da er selbst unverheirathet
war, speciell ausgedehnt auf seinen an Kindesstatt ange=
nommenen Brudersohn Johann Georg, geb. 1671,
der, nachdem er von dem sorglichen Oheim früh in die
Geschäfte eingeführt, Belgien und Frankreich bereist, an
den Ryswicker Friedensverhandlungen Theil genommen
und der Krönungsfeier in Königsberg beigewohnt hatte,
zu dem Fürsten Leopold von Anhalt (dem alten Dessauer)
in nahe Beziehung kam, diesem nach Ausbruch des
Spanischen Erbfolgekriegs 12 Jahre hindurch in Kriegs=
und Friedensgeschäften berathend zur Seite stand und
nach einer langen und fruchtreichen staatsmännischen Lauf=
bahn als Fürstlicher Gesammtrath und Regierungs=
Präsident, mit Hinterlassung handschriftlicher Memoiren
von hohem Interesse für die Zeitgeschichte 1747 in Dessau
verstarb. — Sein nahes Dienst= und persönliches Ver=
hältniß zu dem Sieger von Höchstedt und Turin hatte
von selbst auch bestimmte Beziehungen zum Preußischen
Königshause zur Folge, die successive durch Ernennung zu
Sr. Königl. Majestät General=Staatssecretär, Hofrath und
endlich Wirklichem Geheimerath anerkannt wurden.

War hiermit bereits ein näheres Verhältniß zu dem
jungen Königthum des zukunftreichen Nachbarstaats gege=
ben, so konnte bei dem strebsamen Geist und der nicht
gewöhnlichen Begabung der Familie der wirkliche Eintritt
in Preußische Dienste nicht wohl länger ausbleiben. Nichts

aber lag näher, als daß dieser Schritt unter dem Siegesjubel von Mollwitz und Czaslau statt an den grünen Tisch in's Feldlager führte.

Mit nicht minderem Erfolg wie der Großvater im geistlichen Amt und der Großoheim und Vater in Staatsgeschäften gewirkt, sehen wir Johann Georg's jüngsten Sohn C. Fr. Albert in der Armee auftreten. In früher Jugend beim Regiment Moritz von Anhalt eingestellt, focht er mit Auszeichnung im zweiten Schlesischen und im siebenjährigen Kriege; im Jahre 1790 zum General-Lieutenant befördert, commandirte er 1794 die Blokade von Danzig und wurde nach erfolgter Besitznahme erster Gouverneur der Stadt. — Unter andern Familiengliedern folgten ihm namentlich zwei Neffen mit Ehre und Distinction auf der militärischen Laufbahn — der General-Major Heinrich und der General-Lieutenant Eugen v. Raumer, die beide bei Auerstädt, dieser als Oberst des Regiments Malschitzki, jener als Major im Regiment Pirch sich rühmlich hervorgethan. Sie waren die Söhne seines älteren Bruders Leopold Gustav Dietrich, der in Dessau verblieben, Director der Fürstlichen Regierung daselbst und vermählt war mit einem Fräulein v. Waldow aus dem Hause Birnstein. Von ihm stammen die vielen in neuerer Zeit im Gebiete der Wissenschaft und des praktischen Staatsdienstes mit Auszeichnung genannten, theils bereits verstorbenen, theils noch lebenden Familienglieder ab, namentlich der Wirkliche Geheimerath und Director im Hausministerium Carl Georg v. Raumer, und dessen Sohn, der Wirkl. G. O.-R.-Rath Wilhelm v. Raumer, bekannt als Publicist und gründlicher Forscher

im Bereich unserer heimischen Geschichte und Landes=
verfassung, der Historiker und Geschichtschreiber der Hohen=
staufen Friedrich v. Raumer in Berlin, die Professoren
Carl und Rudolph v. Raumer in Erlangen und
endlich der verewigte Staatsminister Carl Otto v. Raumer,
der ein Sohn war des oben genannten Generalmajor
Heinrich v. Raumer aus seiner Ehe mit Albertine v.
Tschirsky. Die älteste Tochter aber L. G. Dietrich's, ver=
mählt mit dem Kammerpräsidenten v. Gerlach in Berlin,
war die Mutter der vier Brüder dieses Geschlechts, die
nach Geisteskraft und Tiefe und nach dem Ernst ihres
sittlichen Strebens nicht selten und nicht mit Unrecht den
Arnauld's verglichen sind, den unbeugsamen Männern
von Port=royal, und deren Namen für immer verwachsen
bleiben werden mit der Geschichte des geistigen Ringens
unserer Zeit nach Realisirung des heiligen Gotteswillens
in Staat und Kirche.

Einer so gearteten Familie angehörig und für seine
Person ausgerüstet mit nicht gewöhnlichen Gaben des
Geistes und großer Willenskraft, lag es unserem Carl
Otto v. Raumer nah, schon früh hohe Zielpunkte zu
nehmen. — „Er suchte überall mehr als das Gewöhnliche
zu leisten" — so lautet das uns noch aufbewahrte Urtheil
seiner Lehrer in Stettin. Mit dem Zeugniß Nr. I. verließ
er im Jahre 1824 das dortige Gymnasium. Gern und
mit Dank erinnerte er sich dessen, was er während eines
beinahe zehnjährigen Aufenthalts an Wissen und Geistes=
bildung dort empfangen hatte.

Nachdem er in Göttingen und Berlin seine juristischen
Studien absolvirt, durchlief er schnell die verschiedenen

Vorbereitungs-Stadien des höheren Staatsdienstes und wurde nach zurückgelegter dritter Prüfung 1834 Regierungs-Rath zuerst in Posen, sodann in Frankfurt. Im Frühjahr 1840 als Hülfsarbeiter in das Finanz-Ministerium berufen, wurde er im Herbst desselben Jahres zum Geh. Finanzrath und im folgenden Jahre zum vortragenden Rath im Ministerium des Innern ernannt. Hatte er solchergestalt sich mit der Centralverwaltung vertraut gemacht, so wurde er nunmehr in schneller Folge an die Spitze verschiedener Provinzialbehörden berufen — im Jahre 1843 als Regierungs-Vicepräsident nach Königsberg, 1845 als Regierungs-Präsident nach Köln und 1848 in gleicher Eigenschaft nach Frankfurt a. O.

Im Jahre 1841 hatte er sich verheirathet mit Elise v. Brauchitsch, Tochter des damaligen Majors und Flügel-Adjutanten, jetzigen General-Lieutenants v. Brauchitsch.

Die Ereignisse des tollen, schreckensvollen Jahres, wo er fast Alles, was seinem Preußischen Herzen theuer war, in rathloser Schwäche zusammenbrechen sah, wurden, so scheint es, für ihn von bleibender Bedeutung, nicht am wenigsten durch den kaum für möglich gehaltenen schnellen Umschwung der Novembertage. Obwohl längst dem Evangelium zugethan, auch in seiner Rechts- und Staatsanschauung, scheint doch die innere Entschiedenheit und Bestimmtheit, die seine ministerielle Thätigkeit charakterisirt, vornehmlich erst um jene Zeit und unter ihren gewaltigen Schlägen und Rückschlägen zu dem später wahrnehmbaren Grade sich befestigt zu haben.

Bald sollte sich ihm Gelegenheit bieten, hiervon

öffentlich Zeugniß abzulegen. Zu Ende des Jahres 1850, nach dem Tage von Olmütz und dem Rücktritt v. Ladenberg's übertrugen ihm des Königs Majestät auf Vorschlag und Empfehlung des Minister-Präsidenten v. Manteuffel, wiederholter und entschiedener Ablehnung ungeachtet, das Ministerium der geistlichen, Unterrichts- und Medicinal-Angelegenheiten und damit eine amtliche Stellung, die, wie sie zu der angefochtensten in der Preußischen Staatsverwaltung gehört, nach der Eigenthümlichkeit Preußens und seiner Aufgabe in Deutschland wohl als die verantwortungsvollste bezeichnet werden muß.

Niemand konnte hiervon und von der Schwere seines Berufs vor Gott und Menschen mehr durchdrungen sein, als der neue Chef des Ministeriums. War ihm etwas eigen, so war es ungeheuchelte Demuth und ein zartes Gewissen. Feind allem Schein, ja Allem, was nur den Schein bloßen Scheins haben konnte, war er in seinem ganzen Sein und Thun auf das Sachliche gerichtet. Nicht selten, daß dieser Trieb, den Dingen gerecht zu werden, dazu führte, die Personen zu verletzen. Anspruchslos und von Eitelkeit frei, verschmähte er es, auch wo es sein Interesse erheischte, Anderer Eitelkeit und Selbstliebe zu schmeicheln; eher mochte es ihm begegnen, auch berechtigte Ansprüche und herkömmliche Rücksichten außer Acht zu lassen. Gewissenhaft bis zur Skrupulosität und zu leicht besorgt, unerfüllt bleibende Erwartungen zu erregen, ließ eine knappe Gemessenheit ihn eher zu wenig, als zu viel sagen, auch auf die Gefahr hin, den Eindruck reservirter Abgeschlossenheit und Kälte zu machen. Von sich und seiner Art zu sein zu mäßiglich haltend, liebte er es nicht, mit seiner Person in prononcirter Weise auf- und hervorzutreten, und zu wenig vielleicht war es seine Art, die Lösung geschäftlicher Verwickelungen in persönlichen Verhandlungen zu suchen.

Was ihm vor Allem eigen, war eine hohe Reinheit und Selbstlosigkeit seiner Intentionen und ein instinctiver, durch nichts zu brechender Gegensatz gegen alles sittlich Niedrige und Gemeine. „Seine Seele — heißt es in einem ihm gewidmeten Nachruf — hatte sich eine zarte Jugendlichkeit bewahrt und eine Liebe zu allem Unverfälschten und Einfachen, die vielen unverstanden bleiben mußte, die aber der liebenswürdige Grundzug seines Wesens war."

In den Geschäften erfahren und ebenso gründlich wie vielseitig durchgebildet, wurde er bei einem weiten und schnellen Blick von einer nie versagenden Arbeitskraft unterstützt. Selbst aus dem Kreise des fachmäßig gebildeten Beamtenthums hervorgegangen, schlug er dessen Bedeutung für Preußen hoch an und übte im amtlichen Verkehr auch bei Verschiedenheit der Grundanschauungen, ohne der Sache etwas zu vergeben, Gerechtigkeit und Billigkeit gegen die Person.

Allen Umwegen und Künsteleien feind, hielt er den nächsten und einfachsten Weg nicht nur stets für den besten, sondern auch für den allein zulässigen. Auch in wichtigen Sachen liebte er es, mit einfachen Mitteln große Zwecke zu erreichen, um so mehr befriedigt von dem Erfolg, je weniger Redens und Aufhebens davon gemacht wurde.

Durchdrungen von der Schwere des Kampfes, der ihm und der Sache, welcher er diente, verordnet war,

konnte er dann und wann wie im Vertrauen zur eigenen
Kraft, so im Vertrauen zu der siegenden Kraft der Prin=
cipien, die er bekannte, zu wanken scheinen. Ruhelosem
Experimentiren in der Verwaltung wie in der Gesetzgebung
feind und die Schwierigkeiten neuer Maßnahmen eher zu
hoch als zu gering anschlagend, geschah es wohl, daß er
Manches statt von eigenem Entschließen und Thun, von
Zeit und Umständen erwartete.

Streng monarchisch gesinnt und überzeugt, daß der
Schwerpunkt der Gewalt in Preußen allezeit im König=
thum ruhen müsse, wußte er doch die Vorzüge und
Segnungen öffentlich verbürgter Rechtszustände in vollem
Maße zu würdigen. Nie versucht, ohne ein dringendes
und klares Bedürfniß den Weg der Legislative zu beschrei=
ten und mit unmotivirten Vorlagen vor den Landtag zu
treten, erkannte er gern an, daß er von Seiten der
Landesvertretung häufiger Förderung und Unterstützung
als Hemmung und Widerstand gefunden habe.

In seiner eigensten Art lag die sorgliche und liebe=
volle Pflege der Häuslichkeit und Familie. Ruhend auf
dem alleinigen Grunde alles Heils, zeigte sein reich geseg=
netes Familienleben in seltenem Maße ein inniges, tief=
befriedigtes Zusammenwirken zweier vor ihrem Gott eins
gewordener Ehegatten. Dem Minister, dessen Händen die
Leitung und Pflege wie der geistlichen Angelegenheiten,
so auch der gesammten Jugendbildung in Preußen an=
vertraut war, stand es gar wohl, dieses schöne, reine
und geordnete Familien=Leben.

Dem Verewigten war die Aufgabe geworden, nach
den Erschütterungen und Umgestaltungen des Jahres 1848

für das wichtige und umfassende Bereich der kirchlichen und Unterrichts-Angelegenheiten wieder feste und klare Grundlagen zu suchen. In vielen Stücken konnte er hierbei anknüpfen an Vorgänge und Maßnahmen aus der Eichhorn'schen Verwaltung; mehrfach aber mußte er dies sich auf das Bestimmteste versagen.

Während in ihren sachlichen Zielpunkten beide Männer wesentlich zusammentrafen, giebt sich in der Art und Weise ihrer Geschäftsführung, in ihrer Behandlung der Personen und Dinge, in den Mitteln und Wegen, die sie zu wählen oder vermeiden zu müssen glaubten, eine durchgreifende Verschiedenheit, ja fast ein Gegensatz kund. Wie ferner die Basis ihrer kirchlichen Stellung und Auffassung eine verschiedene war, so weist auch die Zeit der beiderseitigen Berufung und Amtsführung auf eine große Verschiedenheit in der Situation hin.

Eichhorn glaubte seine Aufgabe wesentlich in schöpferischen Neubildungen und weitgreifenden Entwürfen suchen zu müssen; v. Raumer faßte seine Thätigkeit an erster Stelle als eine restaurative und abwehrende auf.

Eichhorn, obwohl in scharfem Gegensatz gegen den Rationalismus und Pantheismus der Zeit, wollte doch nicht als Mann des kirchlichen Dogma's gelten; sein Standpunkt war der der gläubigen Theologie. Raumer kannte keinen höheren Ruhm, als den, ein treuer Sohn der Kirche zu sein; er stand in vollem Sinne in und auf dem kirchlichen Bekenntniß.

Für Eichhorn handelte es sich darum, die Kräfte, die er mit in den Kampf führen wollte, erst zu wecken und zu organisiren; Raumer fand nach niedergeworfener

Revolution eine für den alten Glauben und das alte Recht kräftig eintretende Partei vor. Eichhorn hatte auf Schritt und Tritt mit weitverbreitetem Mißtrauen und Verdächtigungen zu kämpfen, ohne im Stande zu sein, für alle seine Maßnahmen selbst nur die Zustimmung der strengeren Richtung, auf die er zuletzt sich doch stützen mußte, zu erlangen; Raumer sah zwar den ganzen Gegensatz und Ingrimm des kirchlichen und politischen Radicalismus wider sich gerichtet, zugleich aber sich und seine Verwaltung gestützt und getragen von der offenen Billigung aller conservativen und besseren Elemente des Landes.

Wenn wir nicht anstehen, hiernach Raumer's Stellung, wie sie an sich und nach seiner Auffassung war, für weniger schwierig zu erklären, als diejenige Eichhorn's, so dürfen wir nicht unerwähnt lassen, daß je länger desto mehr die Schwierigkeiten auch für Ersteren sich steigerten, und daß sie gegen das Ende seiner Verwaltung kaum geringer waren, als für Eichhorn.

Der nach den Revolutionsschauern von 1848 im Sonnenschein äußerlicher Reaction pilzartig aufgeschossene Conservatismus zeigte sich auf die Dauer zu faul und hohl, um der gründlich an die Wurzel gehenden restaurativen Thätigkeit des Ministers überall folgen zu können; ja in seinen dürftigsten und verkommensten Ausläufen richtete er sich — z. B. in der Ehefrage — offen und direct gegen denselben. — Dazu trat neben dem ressortmäßig etablirten Dualismus in den evangelischen Kirchensachen, der, wenn auch nicht die Verantwortlichkeit, so doch die Verwaltung erschwerte, der leidige Streit über Union und Confession, der immer weitere Dimensionen

annahm, und in seiner verwirrenden, störenden Rück=
wirkung fast keinen Punkt des Kirchenwesens unberührt
ließ, ja darüber hinaus auch in die Unterrichtsverwaltung
hinüber griff. — Endlich sind zu nennen die inhalts=
schweren Bestimmungen der Verfassungs=Urkunde über das
nunmehrige Verhältniß des Staats zu Kirche und Schule,
über Religions= und Gewissensfreiheit, Civilehe, Unterrichts=
gesetz rc., welche den Gegnern stets neue und bequeme
Handhaben boten, nicht nur zu allgemeinen Klagen und
Sollicitationen, sondern auch zu bestimmt formulirten
Beschwerden über Gesetz= und Verfassungs=Verletzung.

Wenn wir bezüglich dieses letzteren Punktes gleich
hier erinnern, daß die Verfassung Preußens in der Urkunde
vom 31. Januar 1850 nicht beschlossen ist und für einen
Preußischen Minister noch andere Normen und Satzungen,
als die in dieser Urkunde verzeichneten zu berücksichtigen
bleiben, so berühren wir hiermit die große Frage, an
welcher in unserm neuen Verfassungsleben die politischen
Gegensätze sich vornehmlich entwickelt haben und die bis
diese Stunde den hauptsächlichsten Inhalt des Kampfes
unserer politischen Parteien bildet.

Die Stellung des Ministers in und zu dieser Frage
war keine isolirte; er theilte sie mit der Mehrheit, richtiger
mit der Gesammtheit seiner Collegen. Denn als Gesammt=
ansicht des Cabinets wird (ob auch einzelne Mitglieder,
wie es nach einem späteren Vorgange den Anschein
gewinnt, hierüber eine andere oder gar keine Meinung
hatten) das Einverständniß darin sich bezeichnen lassen:
daß nicht um jeden Preis charte vérité gespielt und der
Verfassungs=Urkunde ungeachtet das Königliche Preußen

nicht auf den Fuß des modernen Parlamentarismus gesetzt werden könne.

Wie richtig und praktisch wichtig dieser Satz, so schien er doch auf die Dauer ein Mehreres als bloßes Regiren und Abwehren zu fordern. Die Sorglosigkeit des Ministeriums, eine Reihe bedenklicher und von ihm selbst als bedenklich anerkannter Verfassungs-Artikel ruhig fortbestehen zu lassen, ohne sie weder auszuführen, noch im ordentlichen Wege der Legislation zu beseitigen, ist mit gutem Grund oft und nachdrücklich gerügt worden. Auch wir glauben sie nicht entschuldigen und beschönigen zu sollen; die Folgen davon liegen jetzt offen zu Tage und müssen ohne Unterschied des Parteistandpuncts von Allen beklagt werden, denen es wahrhaft um Begründung gesicherter Rechtszustände zu thun ist und um Beseitigung administrativer Willkür. Allein ein politischer Fehler ist noch kein politischer Rechtsbruch und keine Verfassungs-Verletzung. Es beginnt auch die auf letztere gerichtete Klage aus mehr als einem Grunde jetzt mehr und mehr zu verstummen; wir werden daher nicht nöthig haben, Herrn v. Raumer nach dieser Seite hin noch besonders zu rechtfertigen.

II.
Evangelische Kirche.

Anlangend die Thätigkeit v. Raumer's in den einzelnen Zweigen seines umfassenden Verwaltungsgebiets, so sehen wir ihn sogleich nach seinem Amtsantritt in den Kampf eintreten für das geschichtliche Recht und die verfassungsmäßige Freiheit der evangelischen Kirche.

Wenn A. Tocqueville in Bezug auf die Französische Revolution bemerkt: bei der engen Verbindung der Kirche mit dem alten Staatswesen in Frankreich habe der Umsturz der bürgerlichen Gewalt zugleich die kirchliche zu Falle bringen müssen, so ist die Richtigkeit dieser Bemerkung außer Zweifel. Wenn aber der scharfsinnige Historiker dieses Durchwachsensein beider Gewalten und folgeweise das gemeinsame Zusammenbrechen beider für eine Eigenthümlichkeit der Zustände des alten Frankreichs zu halten scheint und daraus besonders den furchtbaren Charakter der Revolution von 1789 herleitet, so hat er die protestantischen Länder des Continents außer Acht gelassen und die ungleich tiefere Rückwirkung, die hier, wo der Landesherr zugleich Träger der Kirchengewalt ist, die Beseitigung oder Erschütterung der Staatsverfassung unausbleiblich auf das kirchliche Gebiet äußern muß.

Dies zeigte der 18. März, der doch eigentlich eine bloße Straßen-Emeute war, in seinem Rückschlage auf die kirchlichen Dinge. Wie weit auch der Frevel und die Extravaganzen auf dem politischen Gebiet gingen, Niemand wagte doch offen und im Ernst mit dem Verlangen hervorzutreten, daß der König zu Gunsten des Volks der Krone entsagen und sein Staatsregiment niederlegen solle.

Daß er aber sein Kirchenregiment abtreten müsse und zwar zu Gunsten des „Herrn omnes" (wie Luther sagt), das schien Allen, auch den sogenannten Gutgesinnten, eine ausgemachte Sache, die obersten Spitzen in Staat und Kirche nicht ausgeschlossen.

Diese Anschauung gab sich nicht bloß in der politischen und kirchlichen Presse (die evangelische Kirchenzeitung machte eine rühmenswerthe Ausnahme), in Volksversammlungen und Pastoral-Conferenzen kund, sondern sie schien auch in den betreffenden Bestimmungen der Verfassungs-Urkunde, die fast wörtlich dem vornehmlich von Römisch-Katholiken und Freigemeindlern aufgestellten Entwurf der National-Versammlung entlehnt sind, und in verschiedenen Königlichen Erlassen (vom 26. Januar 1849 und 29. Juni 1850, Gesetzsammlung S. 125 und 343) und Verfügungen der oberen Kirchenbehörde einen festen Anhalt zu finden. Stets wurde hier das Bestehende als ein bloßes provisorium gefaßt und hingewiesen auf den Zeitpunkt, wo „die evangelische Kirche sich über eine selbständige Verfassung vereinigen" werde.

Dem Minister konnten die Gefahren nicht entgehen, die ein weiteres Fortschreiten auf diesem Wege zur Folge haben mußte. Sah er schon durch die Verfassungs-Urkunde, bei deren Aufstellung, wie schon angedeutet, die evangelische Auffassung nicht zu Wort und nicht zur Geltung gekommen, den evangelischen Charakter Preußens in Frage gestellt, so war er noch weniger darüber in Zweifel, daß eine Lösung des geschichtlichen Bandes, daß die evangelische Kirche in den Ländern der Deutschen Reformation mit dem Staat verknüpft, die tiefsten Interessen, ja die rechtliche Fortexistenz dieser Kirche selbst gefährden müsse, daß diese Verbindung und deren Fundament und Medium das landesherrliche Kirchenregiment, welches immer auch dessen Mängel sein mögen, ein zu vollem Recht bestehender, integrirender Bestandtheil der evangelischen Kirchenverfassung ist und daß dieselbe, was etwa auch vom Standpunkt der Kirche aus dagegen gesagt werden mag, auf Grund des Art. 15 der Verfassungs-Urkunde, der alsbald dagegen geltend gemacht wurde, nicht angefochten werden kann.

Anlaß, diese Auffassung geltend zu machen, gab im Frühjahr 1851 eine Verhandlung der damaligen Zweiten Kammer über eine Petition wegen Ausführung des Art. 15 der Verfassungsurkunde bezüglich der evangelischen Kirche, die, unter mißfälligen Hindeutungen auf die Einsetzung des Ober-Kirchenraths, von der linken Seite lebhaft befürwortet wurde. Entsprechend dem Antrage des neuen Ministers, der die oben dargelegten Gesichtspunkte entwickelte und der Kammer die Competenz zur Einmischung in die inneren Angelegenheiten der Kirche bestritt, — es war das erste Mal, daß er das Wort nahm, — wurde mit großer Majorität die Tagesordnung angenommen. Als bald darauf eine ähnliche Petition zu nochmaliger

Erörterung des Gegenstandes führte, ergab sich ein gleiches Resultat.

Diese Verhandlungen konnten nicht verfehlen, der verkehrten Auffassung, als ob der Art. 15 die Beseitigung oder doch gänzliche Umgestaltung des vorhandenen Kirchenwesens erfordere, ein Ende zu machen. Zwar kehrten Anklänge daran im nächsten Jahre (1852) nochmals wieder, jedoch ohne jede Aussicht auf Erfolg.

Nachdem solchergestalt das volle Zurechtbestehen der zeitigen Verfassung der evangelischen Landeskirche zur Anerkennung gebracht und damit zugleich der obersten Kirchenbehörde die rechtliche Basis ihrer Stellung gesichert war, wurden der letzteren durch die Bemühungen des Ministers demnächst auch die materiellen Mittel ihrer Existenz gewährt. Es geschah dies gegen den lebhaften Widerspruch der linken Seite und der Katholiken in der Zweiten Kammer.

Mit der ihm eigenen Selbstlosigkeit betrieb der Minister die feste Dotation des evangelischen Ober-Kirchenraths und ebenso die namhafte Erhöhung eines demselben zur Disposition stehenden Fonds, obwohl ihm längst nicht verborgen war, daß diese Behörde eine andere Richtung verfolgte, als welche er dem Gedeihen der Landeskirche entsprechend hielt.

Sein geschichtlicher Sinn und seine Auffassung der Kirche und ihrer erhabenen Mission gestatteten ihm nicht, die breite Bahn des kirchlichen Liberalismus zu wandeln und von äußeren Verfassungsänderungen Verbesserung unserer kirchlichen Zustände zu erwarten. Demnach konnte er die Einführung der kirchlichen Gemeinde-Ordnung von 1850, welche die Spuren ihrer Entstehung nur zu deutlich an sich trug und sich ihm je länger desto mehr als ein lebensunfähiger Compromiß mit dem modernen Weltkirchenthum erwies, nicht für ersprießlich halten. Die gänzliche Sistirung und Zurücknahme jedoch, wie solche hinsichtlich der verwandten politischen Gemeinde=Ordnung für nöthig erachtet worden, glaubte er nicht beantragen zu sollen. Einerseits lagen derartige Schritte wenig in seiner Natur, andererseits mochte die Erwägung ihn leiten, daß die Annahme oder Nicht=Annahme in die freie Ent= schließung der Gemeinden gestellt und damit jedem einzel= nen Kirchenkreise die Möglichkeit gegeben war, sich selbst des als mißrathen erkannten Werks zu erwehren. Wo dieser Bestimmung ungeachtet auf die Einführung hin= gedrängt wurde, säumte er nicht, für den alten Rechts= bestand schützend einzutreten. So geschah es, daß für Pommern auf Beschwerde des Provinzial=Landtags eine im Effect der Sistirung gleichkommende Maßregel erwirkt wurde. (Landtags=Abschied vom 12. September 1852. Nr. VIII.)

Aus der gleichen Auffassung wie seine Bemühungen für Wiederbefestigung und Schutz der geschichtlich über= kommenen Verfassung im Regiment der Kirche und in den Gemeinden ging sein Verhalten zu der im Jahre 1856 berufenen Kirchen=Conferenz — der sogenann= ten Monbijou=Conferenz — hervor. Ohne zu verkennen, wie bedeutsam für Lösung wichtiger Fragen die Mit= berathung und Mitwirkung freier, außerhalb der Kirchen= behörden stehender Organe sein könne, hielt er doch weder den gewählten Zeitpunkt, noch den eingeschlagenen Weg für geeignet, zu ersprießlichen Resultaten zu gelangen und dem Kirchenregiment für eine freiere Action eine feste Basis zu geben.

Eingedenk der General-Synode von 1846 und der damals gemachten Erfahrungen, ließ er es gern geschehen, daß die Vorbereitungen und Einleitungen zu der Conferenz ohne seine Mitwirkung getroffen wurden und gleich der Leitung derselben allein der obersten Kirchenbehörde, beziehungsweise deren Präsidenten, anheimfielen. Obwohl er sonach weder an der Composition der Versammlung und der Auswahl ihrer Mitglieder, noch an deren Verhandlungen selbstthätig Theil nahm — nur als Königlicher Commissar und bezüglich der sein Ressort mit berührenden Gegenstände hatte er den Sitzungen beizuwohnen — geschah es dennoch, daß die Conferenz in den praktisch wichtigsten Punkten (Ehesache, Bekenntniß-Frage, Gemeinde-Ordnung) mehr oder weniger bestimmt im Sinne der von ihm vertretenen Principien sich aussprach. Gerade aus den Reihen der milderen und Unions-Theologen erhoben sich die kräftigsten Zeugnisse für strenge Ehe und Schutz des Bekenntnisses. — Daß die Conferenz positiv bedeutendere Folgen gehabt, läßt sich nicht sagen; die Richtung aber, zu deren Förderung sie berufen war, konnte auf ihre Beschlüsse sich nicht stützen.

Die vorerwähnten Angelegenheiten gehörten vorzugsweise dem Ressort des evangelischen Ober-Kirchenrathes an, so daß der Minister nur in zweiter Linie dabei concurrirte. Unter den Gegenständen der alleinigen Competenz des letzteren nahm eine hervorragende Stelle ein die

Behandlung der Secessionen von der evangelischen und der katholischen Kirche.

Zwei wichtige legislative Maßregeln waren in dieser Beziehung unter der Eichhorn'schen Verwaltung ergangen — die General-Concession für die getrennten Lutheraner vom 24. Juli 1845 und das Patent nebst Verordnung über Bildung neuer Religions-Gesellschaften vom 30. März 1847.

Während die General-Concession sich im Allgemeinen als zweckmäßig erwiesen und eine angemessene Regulirung der Verhältnisse der getrennten Lutheraner ermöglicht hatte, zeigte das Religions-Patent das Mißliche und Bedenkliche einer generalisirenden, gewissermaßen auf Vorrath gefertigten Gesetzgebung.

In sichtlicher Verkennung und Ueberschätzung der Ronge-Uhlich'schen Bewegung hatte man die Bildung wirklich neuer Bekenntnisse und darauf sich gründender Religionsgemeinschaften erwartet und diesen im Voraus nach dem Maß ihres positiven Glaubens- und Lehrgehaltes, so wie ihrer kirchlich ausgeprägten Constituirung ein höheres oder geringeres Maß von staatlicher Anerkennung und Gerechtsamen in Aussicht gestellt. Des Falles, daß die Bewegung zu einem bestimmten religiösen Niederschlag überhaupt nicht führen möchte, war Anfangs kaum gedacht, schließlich jedoch, damit nicht etwa die ganze Maßregel eine unnütze und vergebliche bleiben möge, beschlossen und bestimmt worden, daß ausnahmsweise auch schon das bloße Ausscheiden aus der Kirche den Ausscheidenden, selbst wenn sie zu staatlich genehmigten Gemeinden nicht zusammentreten, die Befugniß verleihen solle, ihre Personenstands-

Acte statt vor dem geistlichen vor dem Civilrichter zu ver=
lautbaren. — Diese als äußerste Ausnahme gedachte
Bestimmung war, weil keine der versuchten Neubildungen
die Anerkennung des Staates hatte erlangen können (auch
der Uhlich'sche Verein zu Magdeburg war nur durch eine
später gleichfalls zurückgenommene Ministerial=Concession
genehmigt), zur herrschenden Regel geworden und bildete
in der Praxis den alleinigen Fall der Anwendung des
Gesetzes. Kein Wunder, wenn bei solcher Verschiebung der
Verhältnisse und solcher Discrepanz der Wirklichkeit von
den Imaginationen des Gesetzgebers Mißverständnisse und
Verwirrungen aller Art sich ergaben und diese Wirrnisse
durch die Vorgänge von 1848 und die neueste Gesetz=
gebung die höchste Steigerung erfuhr.

Zu nahe lag es einer oberflächlichen Betrachtung,
schon durch die bloße Austrittserklärung, ohne Rücksicht
auf das Zustandekommen oder Nichtzustandekommen neuer
legaler Gemeindebildungen und den Anschluß an sie,
jedes Band des Ausscheidenden zur Kirche gelöst zu sehen,
obwohl der umgekehrte Grundsatz die klare und ausdrück=
liche Sanction der Gesetzgebung gefunden hatte. Das
Incongruente der Form (Austritt aus der Kirche) im
Verhältniß zu den gesetzlich daran geknüpften Fol=
gen — bloßes Freigeben bürgerlicher Eheschließung und
Anmeldung der Geburten und Todesfälle — erschwerte
und erschwert bis diesen Tag die richtige Einsicht in das
wirkliche Sach= und Rechtsverhältniß.

Während nun denjenigen Secessionen, welche mit
der Kirche nicht auch das Christenthum verworfen hatten,
nach Maßgabe ihres Bekennens und Lehrens umfassende

Duldung zu Theil werden konnte, mußte die Behandlung der sogenannten Deutsch-Katholiken und Freigemeindler die erheblichsten Schwierigkeiten bereiten.

Eins und einig nur darin, was sie nicht waren und nicht sein wollten, in ausgesprochenem Abfall vom Christenthum wie von der Kirche, offen mit der Sache auch den Namen Dessen verwerfend, dem alle Gewalt gegeben ist im Himmel und auf Erden, erschienen die unglücklichen Jünger Ronge's und Uhlich's lediglich als religiöse Negation und folgeweise als unfähig irgend welcher staatlichen Anerkennung ex titulo religionis.

Ob etwa einzelne Individuen oder einzelne Verbände unter ihnen noch ein religiöses Residuum bewahrt haben mochten, konnte der Staatsregierung gegenüber nicht entscheiden; das Medium ihrer Gemeinschaft, womit die Regierung es zu thun hatte, und das allein als faßbares Object ihr entgegentrat, war Verneinung und nichts als Verneinung. Nur daß sie nicht katholisch und nicht evangelisch waren, wußte der Staat; was sie waren, wußte er, wußten sie selbst nicht. Solche Elemente nicht etwa als freie Privatvereine und ungeachtet ihres erklärten Abfalls von Kirche und Christenthum, sondern wegen und auf Grund dieses Abfalls als Religionsgesellschaften anerkennen und als solche unserer Staats- und Rechts-Ordnung organisch einfügen, mußte auch nach Emanation der Verfassungs-Urkunde und ihres Art. 12 für eben so unthunlich gelten, wie ehedem. Was an sich ein Negatives, ein Nichts war, daraus konnte kein Gesetz, kein Verfassungs-Paragraph, kein Kammerredner ein Etwas machen, und am wenigsten war Herr v. Raumer der Mann, von darauf gerichteten Versuchen sich bestimmen zu lassen.

"Der Wilde in den Einöden Afrika's und Australiens" — so sprach er in der Dissidenten=Debatte von 1852 in der damaligen Ersten Kammer sich aus — "er hat eine dunkle Ahnung von einem höheren Wesen über ihm. Ja, selbst der Blödsinnige, wenn er den Donner über seinem Haupte rollen hört, es durchzuckt ihn ein Gedanke an Gott, von dem er — in gesunden Tagen sprechen hörte. Nicht so die freie Gemeinde in Gl. Sie hat keinen Gott über sich. Der freie Geist der Menschheit, das ist ihr alleiniger Herr".

Ihm entgingen nicht die Gefahren einer Fiction, vermöge deren das Freigemeindethum von Staatswegen als Religion anerkannt worden wäre. Er sah, daß dies vollends Bresche legen hieß sowohl in die tief erschütterte Idee, wie auch in die wirklich noch vorhandene Institution des christlichen Staats. Er konnte sich nicht verhehlen, daß, unter dem Einfluß des Satzes von der Gleichberechtigung der Culte, die Anerkennung des Freigemeindethums als Religion in der Consequenz zu nichts Geringerem führen werde und müsse, als zu gänzlicher Entchristianisirung des Staats. Daher trotz der Armseligkeit der Doctrinen das Gefährliche des Treibens der Freigemeindler.

Sie hatten keine kirchliche Eheschließung, so sollte für alle Preußen die Civil=Ehe gelten. Sie wollten keinen christlichen, ja überhaupt keinen Eid, so sollte für alle Unterthanen Sr. Majestät das Schwören abgeschafft werden. Sie hatten mit Christenthum und Kirche gebrochen, so sollte auch der Preußische Staat beiden den

Scheidebrief geben und die Religion für reine Privatsache erklären.

Hiernach und im Hinblick auf die fernerweiten unabweislichen Consequenzen, namentlich bezüglich des Schulwesens, war der Minister nicht zweifelhaft, daß von Anerkennung der „Freien" als Religionsgesellschaft nicht die Rede sein könne und daß es für die Staats-Regierung gelte, im Einklang mit dem bestehenden Recht sich bewußt zu bleiben, wie sie in diesem bedauernswerthen Abfceß, der ohne Beispiel in der Geschichte der Kirche inmitten der Christenheit eine Ansammlung des organisirten Abfalls darstellte, es nur mit einer atomistischen Masse einzelner Individuen und sofern dieselben ortsweise zu Verbänden zusammengetreten, mit gesetzlich nicht verbotenen Privatvereinen zu thun habe.

Allerdings konnte mit Rücksicht auf die politisch-revolutionäre Seite der Bewegung — man denke an Robert Blum, Dowiat u. s. w., so wie an die Excesse vieler durch Richterspruch geschlossener Einzelvereine — die Frage entstehen, ob nicht dem üblen Treiben, wie in Nachbarstaaten geschehen, durch eine allgemeine Maßregel ein Ende zu machen. Dafür sprachen die lauten Klagen treuer Gemeindeglieder, die namentlich an kleinen Orten, wo größere Bruchtheile der Bevölkerung, oft auch Richter und Ortsvorstände den Dissidenten sich angeschlossen, die Verstörung und das Aergerniß nicht stark genug schildern und nicht begreifen konnten, wie eine Regierung, die mit der Revolution gebrochen zu haben sich rühme, solchem Treiben ruhig zusehen könne. Es drängten ferner dazu wiederholte amtliche Anträge, die auszuführen suchten, daß, sofern die Dissidenten, wie sie selbst es verlangten, als Religionsgesellschaften angesehen würden, die unzweifelhaft noch in Geltung stehenden Vorschriften des Allgemeinen Land-Rechts über den Inhalt der staatlich zu duldenden, beziehungsweise zu fordernden Religionsgrundsätze auf sie Anwendung finden müßten und da diese Religionsgrundsätze — „Ehrfurcht gegen die Gottheit, Gehorsam gegen die Gesetze" ꝛc. — bei ihnen nicht angetroffen wurden, ihre Unterdrückung herbeizuführen sei.

Allein der Minister, wenn er auch zu Zeiten an ein allgemeines Verbot gedacht, konnte doch zu dessen Beantragung sich nicht entschließen. Es schien ihm nicht gerathen, die Stellung, die dem thatsächlichen Verlauf der Bewegung folgend, nach Lage der neuesten Gesetzgebung sich gebildet und im Ganzen auch bewährt hatte, mit einem immerhin anfechtbar bleibenden Zurückgreifen auf den Standpunkt des Allgemeinen Land-Rechts zu vertauschen. Diese Stellung erschien wie rechtlich unangreifbar, so auch der Obrigkeit und ihres Berufs am würdigsten. Sie überhob letztere der Pflicht besonderer und weiterer Kenntnißnahme von dem Treiben der Freien, als solches unter die Vorschriften der allgemeinen Straf- und Polizeigesetze, namentlich des Vereinsgesetzes fiel; besondere Präventiv-Maßregeln kamen nicht zur Anwendung.

Ließ sonach die Staatsregierung das Abhalten von Vereins-Versammlungen, das Halten von Reden nach Art von Predigten und die Nachbildung anderer Einrichtungen der Kirche ungehindert geschehen, so mußte sie um so bestimmter documentiren, daß sie damit keineswegs die Versammlungen als gottesdienstliche, die Sprecher als

Geistliche, die angeordneten Gebräuche als Religions=
handlungen anerkenne. Die Geltendmachung dieses
Standpunktes war es, was der Nichtgestattung der Er=
theilung von Religionsunterricht an die Dissidenten=Kinder
durch den Sprecher, der Abhaltung von Vereins=Versamm=
lungen während der Zeit des öffentlichen Gottesdienstes
und dergleichen zur Folge hatte und zu den unausgesetzten
Beschwerden und Anträgen der Freien theilweisen, keines=
wegs jedoch den hauptsächlichsten Anlaß gab.

Im Uebrigen vermied der Minister, seinen Verwal=
tungs=Grundsätzen entsprechend, eine strenge Generalisirung;
was im Allgemeinen als unstatthaft gelten mußte, ließ er,
wenn es, ohne zu Beschwerden Anlaß zu geben, vereinzelt
in Uebung geblieben, unangefochten fortbestehen. Auch
lag es ihm fern, die äußersten Consequenzen zu ziehen,
wie etwa auf die Ertheilung kirchlichen Confirmanden=
Unterrichts an die getauften Dissidenten=Kinder zu dringen
oder vom Standpunct der Schule und Schulzucht aus die
Ausschließung der Kinder von den Vereinsversammlungen
gutzuheißen.

Die Hauptsache war und blieb ihm Freihaltung der
Staatsregierung von jeder Art Mitverantwort=
lichkeit für das Treiben der Freien, soweit es
sich als Religion oder Religionsübung gab, und
demgemäß strenge Zurückweisung aller daraus ab=
geleiteten Ansprüche, namentlich so weit sie die Unter=
weisung der Jugend und das durch Specialgesetz genau
regulirte Gebiet des Unterrichts berührten.

Die rechtliche Auffassung, die ihn hierbei leitete, fand
nicht nur die Zustimmung des Landtags, vor dem die

Dissidentenfrage, wie bekannt, fast in jeder Sitzungsperiode zur Verhandlung kam, sondern auch eine Stütze in den Rechtssprüchen des höchsten Gerichtshofes, der den Freien trotz Art. 12 den Charakter einer Religionsgesellschaft absprach.

Solchergestalt war in dieser wichtigen und intricaten Frage, die wir, so weit sie andere Ressorts berührte und von ihnen aus behandelt wurde, hier außer Betracht lassen, eine feste legale und in der Hauptsache auch erfolgreiche Position gewonnen. Die Freigemeindler ꝛc. hatten, wie an innerer Bewegung, so äußerlich an Zahl abgenommen und aufgehört, Gegenstand öffentlicher Sympathie oder selbst nur öffentlicher Aufmerksamkeit zu sein. Ihre Führer hatten theils auf der Richtstätte, theils als politische Flüchtlinge im Auslande geendet, theils zur Kirche sich zurückgewendet, und das innerlich wie äußerlich verkommende Gemeindewesen schien, mit Ausnahme einiger großer Städte, wo geschickte Führer agitirten, einer, wenn auch langsamen, doch sichern Selbstauflösung entgegen zu gehen.

Die Angriffe, die der Minister von liberaler Seite in und außer dem Amte erfuhr, machten ihn nicht irre. Als nach seinem Ausscheiden aus Anlaß mißverständlicher amtlicher Mittheilungen über Maßregeln der früheren Verwaltung ihm eine Berichtigung anheimgegeben wurde, lehnte er solche mit dem Bemerken ab: leicht könne es den Anschein gewinnen, als ob er sein Verfahren jetzt in milderem Licht darstellen wolle, während er umgekehrt eher darüber im Zweifel sein könne, ob nicht den grundstürzenden Irrthümern gegenüber zu wenig Strenge und Entschiedenheit geübt sei.

In noch höherem und ganz besonderem Maße wie die Dissidenten-Angelegenheit nahm den Minister die Reform des Eherechts in Anspruch.

Den allgemeinen Gründen, die aus seiner Gesammtstellung zu den großen Principien-Fragen sich ergaben, traten hier noch besondere, aus seiner eigensten Art und Lebensführung sich ergebende Antriebe hinzu.

Ein geistvoller Theologe sagt: „daß man an den unwürdigen oder edlen Vorstellungen von der Ehe den sittlichen Werth oder Unwerth eines Menschen mit Sicherheit messen kann." Dieser Satz läßt eben so gut sich umkehren. In der That konnte Niemand, der den Minister kannte und einiges Verständniß für ihn hatte, darüber im Zweifel sein, wie dieser Mann in seiner Reinheit und seinem ausgesprochenen Gegensatz gegen jede Zuchtlosigkeit und Freiheit des Fleisches zu dem Eherecht und der Eherechtspraxis des Allgemeinen Landrechts stehen werde.

Der äußere Verlauf der nach Wiederherstellung der staatlichen Ruhe und Ordnung im Jahre 1854 von Neuem aufgenommenen Verhandlungen über die Reform des bürgerlichen Eherechts ist bekannt, bekannt auch, daß daran der Minister der geistlichen Angelegenheiten einen hervorragenden Antheil genommen hat. Die Einzelheiten hierüber und über des Letzteren kaum minder wichtige Thätigkeit bezüglich der Behandlung der Ehesachen von Seiten der evangelischen Kirchen-Behörden mitzutheilen, halten wir noch nicht an der Zeit; wir glauben vielmehr, uns für jetzt auf Hervorhebung einiger Hauptpunkte beschränken zu müssen.

Bei dem Sinn für Regel und Ordnung, der dem Minister eigen war, würde die Klage über das Ungeordnete des jetzigen Verfahrens in Ehesachen als Folge der Trauungsweigerungen der evangelischen Geistlichen nicht ohne Eindruck auf ihn geblieben sein, hätte ihm nicht Gottes Ordnung und ihre thunlichste Realisirung und Heilighaltung mehr gegolten, als alle menschliche Ordnung und äußere Formrichtigkeit. Zudem aber, wie stand es mit den Klagen über „Anarchie" und „unerträgliche Mißstände", wenn man ihnen näher auf den Grund sah?!

War es nicht als „unerträglicher Mißstand empfunden, daß die katholische Kirche das Allgemeine Landrecht niemals als ihren Canon in Ehesachen anerkannt und deshalb niemals zur Wiedertrauung bürgerlich geschiedener Personen sich herbeigelassen hat, warum sollte es denn ein unerträglicher Mißstand sein, wenn endlich nach langer Pflichtversäumniß auch die evangelische Kirche sich ermannte und nicht unterschiedlos allen landrechtlich separirten Ehegatten dienstfertig den zweiten Ehesegen spendete? Hatte die Autorität des Staats und der bürgerlichen Rechtsordnung von der Nichttrauung geschiedener Katholiken nicht gelitten, warum sollte die Nichttrauung geschiedener Evangelischer sie untergraben?

Sollte Art. 15 der Verfassungs-Urkunde nur der katholischen Kirche zu statten kommen und für die evangelische Kirche in Bezug auf Eheschließung ein früher kaum wirklich geübter Staatszwang fortbestehen?

Konnte endlich aus Anlaß der Trauungsweigerungen von Gewissensdruck gegen Preußische Staatsangehörige als solche die Rede sein, nachdem bereits die Verordnung vom

30. März 1847 jedem Preußen, der dazu den im Gesetz vorgezeichneten Weg einschlug, die bürgerliche Eheschließung freigegeben hatte?

Wenn diese Erwägungen den Minister über die angebliche Anarchie beruhigen und gleichzeitig zu entschiedenem und erfolgreichem Widerspruch gegen erweiterte Zulassung der Civilehe in den Stand setzen konnten, so war mit der solchergestalt genommenen und behaupteten Position einerseits ein großes Princip — das der Freiheit auch der evangelischen Kirche vom landrechtlichen Eherecht — zur Geltung gebracht und andererseits das drohende Unheil einer Säcularisirung der Ehe innerhalb der Kirche von dieser abgewendet.

Beide Gewalten — Kirche und Staat — erschienen nunmehr, jede für sich und unabhängig von der andern, betheiligt am Eherecht und seiner Handhabung, die Kirche durch Schließung, der Staat durch Scheidung des Ehebandes.

Diese letztere nahm dadurch gewissermaßen den Charakter einer separatio quoad thorum et mensam an, und da die landrechtlichen Scheidungsgründe in foro civili volle Geltung behielten, mithin nach wie vor die Scheidung selbst nur zu leicht zu erlangen blieb, so war zugleich den oft gehörten Klagen vorgebeugt von zwangsweisem, äußerlichem Zusammenhalten unglücklicher Ehegatten bei innerer Entfremdung der Gemüther. Es war im Effect annähernd erreicht, was der Minister gleich seinem Königlichen Herrn so lebhaft aber vergeblich im geordneten Wege der Legislation erstrebt hatte — Hebung und Befestigung der Ehe als Institution, verbunden mit schonender Rücksicht auf die Personen und auf die Schwäche unserer dissoluten Zeit.

Und dieses Resultat war erreicht unter wiederholten, scheinbaren und wirklichen Niederlagen auf dem Landtage — und war erreicht, ohne daß auch nur ein Paragraph des Allgemeinen Landrechts geändert worden. Gerade dieser Umstand, der einsichtige und ruhige Beobachter mit Sinn und Blick für lebendige und organische Rechtsbildung, auf die der Sache einwohnende Kraft hätte hinweisen sollen, steigerte den Unwillen der Gegner. Er ließ in Bezug auf die Kirche und die ihr in der „beschworenen Verfassung" verbürgte Freiheit vieler — auch conservativer — Herzen Gedanken offenbar werden.

Unerträglich war nicht minder dem Junkerthum wie dem Büreaukratismus der Gedanke, daß es mit der Freiheit und Selbständigkeit der Kirche in Ehesachen wirklich Ernst sein und das bürgerliche Gesetzbuch der heiligen Schrift weichen solle. Der Preußische Patriotismus forderte mit Energie und Pathos auch von der Kirche Respect vor dem Allgemeinen Landrecht, liederliche Ehe als ein quasi Preußisches Grundrecht fassend. Freund und Feind fühlte die Bedeutung der Sache und mußte für das Gebiet, das hier in Frage stand, sich sagen: hic novus rerum nascitur ordo.

Wer aber unter den obigen Gesichtspunkten, unbeirrt durch Schwankungen und Schwierigkeiten von den verschiedensten Seiten, mit treuer Hingebung die Sache vertrat und nach rechts und links wie für die Freiheit und das Recht der Kirche, so für den christlichen Charakter des Preußischen Staates einzutreten hatte — war Niemand anders, als der Minister der geistlichen Angelegenheiten. Recht eigentlich entsprach diese seine Action seinem Amt und der darin ruhenden Pflicht zur Vertretung und Pflege der höchsten sittlichen Interessen und Güter des Volks.

War solchergestalt das Recht der evangelischen Kirche gegenüber dem Staat und dem staatlichen Eherecht zur Geltung und Anerkennung gekommen, wie stand es nun um die **Uebung dieses Rechts innerhalb und von Seiten der Kirche selbst**? Was that sie, nachdem ein so kostbares Recht ihr zurückgegeben war und sie nunmehr für laxe Behandlung der Ehesachen aus den Satzungen des Allgemeinen Landrechts keine Entschuldigung mehr herleiten konnte?

Bei dieser Frage sehen wir den bestehenden Ressort-Vorschriften gemäß den Minister in erster Linie nicht betheiligt; gänzlich fremd bleiben konnte er ihr jedoch nicht und insonderheit war es ein Punkt, der seine Aufmerksamkeit in Anspruch nahm.

Es war das die von des Königs Majestät bereits im Jahre 1846 der evangelischen Geistlichkeit zugestandene Befugniß, die Wiedertrauung bürgerlich geschiedener Personen, wenn sie dabei Bedenken fänden, Gewissens halber ablehnen zu können. Diese Allerhöchste Anordnung, zuerst kaum beachtet und selten benutzt, war im weiteren Verlauf der Sache, namentlich nach den Landtags-Verhandlungen von $18^{54}/_{55}$, wie wir oben sahen, ein Moment von entscheidender Bedeutung geworden. In gleichem Maße, wie die Trauungsweigerungen sich mehrten, traten aber auch die Mißstände hervor, die von einer so tief in die kirchliche Ordnung eingreifenden Ausnahme-Maßregel nicht zu trennen waren.

Die Klagen über Ungleichmäßigkeit und Principlosigkeit seitens der Geistlichen, die für richtige Auffassung und Lösung solcher Fragen der nöthigen Vorbildung und Uebung ermangelten, konnten als unbegründet nicht bezeichnet werden. Dazu zeigte sich in erschreckendem Maße der Mangel an festen und klaren Grundsätzen im evangelischen Eherecht und schwer war dem Publicum begreiflich zu machen, wie und warum einer Ehe, die in der Parochie A für unerlaubt galt, in der Parochie B ohne Anstand die kirchliche Einsegnung zu Theil werden konnte. Diesen Punkt zum Schutz gegen Regellosigkeit und Willkür, wogegen das Zeitbewußtsein mit Recht eine besondere Empfindlichkeit zeigt, näher regulirt zu sehen, mußte je länger desto mehr als ein dringendes Bedürfniß erscheinen und bei der Stimmung und Strömung, die auf der erwähnten Monbijou-Conferenz sich kund gab, schien nichts näher zu liegen, als im Vertrauen auf die gute Sache und die ernste Behandlung, welche die Consistorien ihr angedeihen ließen, die Allerhöchste Anordnung von 1846 außer Kraft treten zu lassen.

Allein der Minister konnte dem nicht zustimmen. Die Bedenken gegen das bestehende Verfahren theilte er vollkommen; ihre Beseitigung glaubte er jedoch durch andere Mittel erreichen zu können, als durch Aufhebung der Freiheit der Geistlichen.

Fand er doch die ersten unscheinbaren Anfänge der Bewegung, die sich jetzt als eine nicht mehr zu beseitigende Macht erwies, in dem wieder erwachten Gewissen und Bewußtsein des geistlichen Amts. Dort hatte sie ihren Ursprung und dort hat sie bis zu dieser Stunde ihren eigentlichen Herz- und Pulsschlag.

Während die kirchlichen Behörden sich abwehrend und repressiv verhielten und selbst nach Erlaß der Allerhöchsten Ordre von 1846 diese Stellung nur mühsam und successiv aufzugeben vermochten, hatte das Pfarramt den Kampf rüstig fortgesetzt, und ihm nebst der erhabenen Entschließung Sr. Majestät des Königs war es vor Allem zu danken, daß die Frage stets größere Dimensionen angenommen hatte. Die in ihrer Legalität zuletzt von keiner Seite mehr angefochtenen Trauungsweigerungen der evangelischen Geistlichen konnten jetzt einigermaßen als Ersatz gelten für die vor mehr als 30 Jahren angeregte und angekündigte, jedoch bis heut nicht zur Ausführung gekommene Reform des bürgerlichen Eherechts. Unter solchen Umständen mußte es dem Minister auch bei übrigens befriedigender Regulirung der Sache bedenklich erscheinen, die Entscheidung unter Aufhebung der den Geistlichen zugestandenen Freiheit gänzlich in die Hände der Kirchenbehörden gelegt zu sehen.

Es konnte ihm nicht entgehen, daß die eben erwähnte Erscheinung keine zufällige war, daß das geistliche Amt nach seiner göttlichen Stiftung, Dignität und Stellung im kirchlichen Organismus und nach seinem geweihten Beruf zu täglichem, unmittelbarem Dienst am Heiligthum andre und höhere Keime und Kräfte zu kirchlicher Erneuerung und Erhaltung in sich trägt, als die künstliche Superstructur der nach menschlicher Entschließung und staatlichem Muster ihm äußerlich übergeordneten Behörden und daß folgeweise eher noch von den Pfarrern, als von den Consistorien ꝛc. ein treues Beharren auf der eingeschlagenen Bahn zu erwarten. Deshalb trat er entschieden ein für die Allerhöchste Ordre vom Jahre 1846; in ihrer Aufrechterhaltung sah er den Schlüssel zu der errungenen Position, die ohne Freiheit des geistlichen Amts und Amtsgewissens auf die Dauer nicht zu behaupten gewesen wäre. Seinen Anträgen gelang es, neben näherer Regulirung des Verfahrens und Instanzenzuges die ungeschmälerte Erhaltung der hohen Königlichen Gabe zu erwirken und damit das Palladium zu retten, das nicht nur auch heut noch die Geistlichen gegen Zwang zur Einsegnung widerkirchlicher Ehen sicher stellt, sondern an das sich auch vorzugsweise die noch fortdauernden Bemühungen für Reform des bürgerlichen Eherechts anschließen.

Der laute Gewissensschlag des heiligen Amts in der Kirche ist es, was auch jetzt den in Herzenshärtigkeit versunkenen Staat nicht zur Ruhe kommen läßt, und diesem Gewissensschlage mit klarem Blick für die starken wie für die schwachen Punkte unseres Kirchenwesens Raum erhalten zu haben, ist kein geringes Verdienst des Ministers.

Er selbst schlug nicht bloß, was auf diesem Gebiet erreicht, sondern auch was von oben her erstrebt war, nur gering an, so schwer lasteten auf ihm die etwa 3000 Ehescheidungsklagen, die jährlich vor den Preußischen Gerichten verhandelt wurden. „Es sind schwache Anfänge, die wir Ihnen bieten, es sind in der That nur Anfänge", mit diesen Worten befürwortete er 1855 im Herrenhause den damals vorgelegten Regierungs-Entwurf.

Die vieljährigen eingehenden Verhandlungen, die ihn, wie dies in seiner Stellung lag, unablässig auf die kirchliche Seite der Frage hinwiesen, hatten ihn schmerzliche und tiefe

Blicke thun lassen in die völlige Zerfahrenheit und zuchtlose Willkür der protestantischen Doctrin über Ehescheidung.

Eine schmerzliche Wahrnehmung war es, daß die clara et sufficiens scriptura, der Hebel, mittelst dessen in der Reformation das Päpstliche Eherecht aus den Angeln gehoben war, jetzt sich weder als klar noch als sufficient erweisen wollte, ja daß sie zuletzt — selbst officiell — verflüchtigt wurde zu einem bloßen Princip. Nicht minder war es eine schmerzliche Wahrnehmung und Erwägung, daß nach statistischen Erhebungen aus den letzten Jahren, selbst bei Beschränkung der Scheidungs= gründe auf Ehebruch und Desertion, dennoch jährlich in mehr als 1000 Fällen das heilige Band der Ehe zerrissen und seine Erneuerung mit einem anderen als dem eigent= lichen Ehegatten ermöglicht sein würde, ohne daß auch nur dieses Ziel zu erreichen gewesen, ja ohne daß es von allen Seiten auch nur ernstlich erstrebt worden wäre.

Wahrnehmungen dieser Art mögen von der Doctrin gering angeschlagen werden. Der Theologe und Canonist der strengen Schule weiß sich leicht zu helfen, indem er für die herrschende Wirrsal und was ihm daran nicht recht ist, alsobald die laxe Theorie seines Gegners verant= wortlich macht. Anders steht der praktische Staatsmann, der, willig der Kirche zu dienen, bei ihr für seine Concep= tionen und Entwürfe Rath und Stütze sucht. Ihm ist mit den wechselseitigen Recriminationen der Gelehrten nicht ge= holfen; daß ihm die völlige Bodenlosigkeit der einen Richtung außer Zweifel ist, kann ihm die Lehre der an= dern noch nicht zu einer fruchtbaren Wahrheit machen.

Wenn in solcher Situation der verewigte Minister

inmitten und gegenüber erbittertem Meinungsstreite der Schule, ohne einen Halt= und Stützpunkt in der Kirche zu finden, ja in theilweisem Gegensatz gegen deren eigene, nicht auf der strengeren Seite stehende Oberbehörde Jahre lang unverdrossen für die Heiligkeit der Ehe auf dem kirch= lichen wie dem staatlichen Gebiet eingetreten ist, so wird und kann eine so treue Arbeit, die recht eigentlich und in besonderem Sinn im Glauben auf Hoffnung gethan worden, nicht vergeblich gewesen sein.

Ueber Union und Confession würden wir am liebsten schweigen, wäre es möglich, die achtjährige Verwaltung eines Ministers der geistlichen Angelegenheiten zu skizziren, ohne der Stellung desselben zu dieser heiklen Frage zu gedenken.

Bei der Art, wie sich weitere Kreise über scharf in den Vordergrund gerückte Zeitfragen ihr Urtheil zu bilden pflegen, ist es erklärlich, daß der verewigte Minister als ein „Gegner der Union" und ein Förderer „lutherischer Sonderbestrebungen" angesehen wurde. Die so ihn beurthei= len und schematisiren, haben ihn jedoch schwerlich genau gekannt und sich wohl nicht die Mühe gegeben, sein amt= liches Verhalten in Bezug auf diesen Punkt näher zu prüfen.

Zuvörderst darf nicht unbemerkt bleiben, daß er per= sönlich der lutherischen Kirche nicht angehörte, sondern aus einer reformirten und reformirt gebliebenen Familie stammte — ein Umstand von erfahrungsmäßig viel größerer Be= deutung, als gewöhnlich angenommen wird. Ein naheliе= gendes und auch sonst für unsere Betrachtung nicht un= wichtiges Beispiel haben wir, wie an dem reformirten Cultusminister, so daran, daß nicht nur die Mehrzahl der Mitglieder des Cabinets, dem er angehörte, reformirt war — außer v. Raumer, die Staatsminister v. d. Heydt, Simons, v. Bodelschwingh, Graf v. Waldersee — sondern reformirt auch ein Theil der obersten Hofchargen und der militairischen Umgebungen Sr. Majestät — die Grafen zu Dohna und v. Finckenstein, General v. Gerlach ꝛc. — reformirt endlich der Königliche Cabinetsrath und der häufig zum Immediat-Vortrag berufene Rath des Staatsministeriums.

Kaum Einer, ja sicher Keiner dieser hohen Beamteten wird um seines reformirten Bekenntnisses willen in seine Stellung berufen worden sein, und dennoch leuchtet es ein, daß die Ansammlung so vieler Reformirten in den höchsten Hof- und Staatsämtern nicht als eine bloße Zufälligkeit angesehen werden kann; vielmehr erweist sie sich als eine weit über das Moment bewußten und planmäßigen Entschließens hinausliegende Folge davon, daß das Königliche Haus seit Jahrhunderten reformirt ist. Es zeigt dies wie stark und nachhaltig die confessionelle Tradition der Familie wirkt und wie weit sie hinausgreift über das in's Bewußtsein getretene Glaubensleben des Individuums.

Anders freilich, wenn letzteres zu einem eigentlichen Confessionswechsel führt; allein davon war in unserm Fall ungeachtet des Nichthervortretens specifisch reformirter und des Vorherrschens lutherischer Anschauungen nicht die Rede. Daß dem so war bei einem Manne von so ernstem Glaubensleben und so ausgesprochenem Bedürfniß nach kirchlicher Gestaltung des Christenthums und christlichen Lebens, kann selbst nur als mit der Union in Zusammenhang stehend gefaßt und demnach des Ministers kirchliche Stellung vor derjenigen Vieler, die sich par excellence

„unirt" nennen, als eine Stellung innerhalb der Union bezeichnet werden.

Wenn dennoch der Verewigte dem, was unter diesem Namen auftrat, sich in positiver Weise nicht förderlich erweisen konnte, vielmehr sich oft in der Lage sah, gegen unionistische Strebungen dem geschichtlichen Bekenntniß — dem reformirten wie dem lutherischen — Schutz und Vertretung angedeihen zu lassen, so sollte dies Allen, die diese Erscheinung befremdet, zu erneuter Revision ihrer Unionstheorie Anlaß geben.

Hätte die Union zu höherer kirchlicher Einheit und Allgemeinheit geführt, die Einigkeit im Geist durch das Band des Friedens bei beiden Confessionen gefördert, beide zu gemeinsamen Thaten des Glaubens und der Liebe angefeuert, hätte sie innerhalb der Kirche zu tieferem Versenken in die Geheimnisse und Wunderthaten Gottes und zu einer erhabeneren Weise Seiner Anbetung geführt, oder zu würdigeren und freieren Verfassungs-Formen im Regiment wie in der Gemeinde, hätte sie nach außen eine höhere Potenzirung der kirchlichen Action ermöglicht gegen die auflösenden Tendenzen der Zeit und für kräftigere Durchdringung der staatlichen Lebens- und Rechts-Ordnung mit dem Worte Gottes — wer würde ihr mit mehr Hingebung gedient haben als der für alle diese Strebungen und Zielpunkte auf das Tiefste interessirte und seines Orts wirksame Minister!?

Allein wenn in der Wirklichkeit die Sache umgekehrt sich gestaltete, wenn statt zunehmender Einigkeit wachsende Zwietracht sich zeigte, wenn bei jedem Schritt in der Kirchenleitung und Verwaltung, wo nicht die Union, so doch der Unionismus, Bedenken und Schwierigkeiten erregte, wenn weder im Cultus noch in der Verfassung, ohne auf die Unions- und Bekenntniß-Frage zu stoßen, vorwärts zu kommen war (cfr. die gedruckten Gutachten für die Monbijou-Conferenz, so wie die Verhandlungen derselben), wenn folgeweise auch die Action der Kirche nach außen geschwächt wurde und die Union sich nicht als Einigungs-, wohl aber der Unionismus als Trennungsmittel sich erwies und als Schiboleth des subjectivistischen und negirenden Zeitgeistes — so konnten einem praktischen Staatsmann, der seine Mission vorzugsweise in der Bekämpfung dieses Geistes und in Entwicklung einer erhaltenden und restaurirenden Thätigkeit sah, für Förderung der Union sich schwer gesunde Anknüpfungspunkte bieten.

Völlig fremd aber blieb ihm der Gedanke ihrer Beseitigung. Auch wenn solche ihm zur Wiedergewinnung eines klaren und gesicherten Rechtszustandes wünschenswerth erschienen wäre, würde er sie nie erstrebt haben, schon um deshalb nicht, weil er sie für unausführbar und das Verlangen nach Vereinigung beider Confessionen in den Preußischen Zuständen, wie sie einmal sind, für zu tief begründet hielt. Um so mehr war er bemüht, gegen die geschichtlichen Sonder-Bekenntnisse Gerechtigkeit zu üben. Es war dies gerade, was nicht übersehen werden sollte, der Weg, die Union, die bei seinem Amtsantritt sich hart bedrängt sah und schwer gegen das Lutherthum Stand zu halten vermochte, zu einer ferneren Möglichkeit zu machen.

Zu dem Ende jedoch hielt er allgemeine Anordnungen und Maßnahmen des Kirchenregiments nicht für nothwendig, ja nicht einmal für rathsam. Er glaubte, von neuen Declarationen und allgemeinen Aussprüchen die Erregung neuer Zweifel und neuer Mißverständnisse besorgen zu müssen.

Die Erwirkung des Allerhöchsten Erlasses vom 6. März 1852 wegen der itio in partes in den Kirchen-Behörden, der auf der einen Seite so große Befriedigung, auf der anderen Seite so maßlose Besorgnisse hervorrief, demnächst aber einer amtlichen Mittheilung zufolge niemals praktisch geworden zu sein scheint, war nicht sein Werk; sein Werk war aber auch nicht die Erwirkung der Allerhöchsten Ordre vom 12. Juli 1853, in welcher Viele das Gegentheil von jenem Erlaß finden zu können meinten.

Vor Allem schien ihm nöthig, die Bewegung sich abklären, die erregten Gemüther sich beruhigen zu lassen und dem Kirchenregiment durch treue Handhabung der laufenden Verwaltung, insonderheit durch tüchtige Besetzung der Kirchenbehörden das in einigen Provinzen beinah völlig verscherzte Vertrauen wieder zu erwerben.

„Men not measures" war demnach die Losung und sichtlich blieb unter Mitwirkung anderer Momente, welche die ernste Fürsorge der Regierung für Förderung christlichen Sinnes und Lebens in Schule und Haus bethätigen, das eingeschlagene Verfahren, wenn auch fraglich ist, ob es allein und für sich zum Ziele geführt haben würde, nicht ohne gesegneten Erfolg.

Die Berufung angesehener bekenntnißtreuer Geistlichen, die zugleich den Ruf treuen politischen Verhaltens hatten in die Provinzial-Consistorien wendete diesen in höherem Maße das Vertrauen ihrer Kirchensprengel wieder zu, ohne daß, wie jetzt wohl offen zu Tage liegt, die daran für die Einheit der Landeskirche geknüpften Besorgnisse sich verwirklicht hätten.

Unerwartet jedoch sollte der Minister diese seine Wirksamkeit in Frage gestellt sehen.

Bei Errichtung des im Januar 1848 eingesetzten und im April desselben Jahres wieder aufgelösten evangelischen Ober-Consistoriums hatte der erfahrene und umsichtige Eichhorn die Personal- und Anstellungssachen nicht dieser Behörde, obwohl er deren Vorsitz behielt, überweisen, sondern dem Minister der geistlichen Angelegenheiten als solchem ausschließlich vorbehalten lassen, von dem richtigen Gedanken geleitet, daß diese wichtigen Angelegenheiten zur Erledigung durch collegialische Beschlußfassung nach Stimmenmehrheit sich nicht eignen, sondern ihrer Natur nach eine persönliche Entschließung, unter voller ungetheilter Verantwortlichkeit des Entschließenden, erfordern.

Diese Einrichtung hatte nach Wiederherstellung einer oberen Kirchenbehörde in sofern sich geändert, als dem unter einem eigenen Präsidenten eingesetzten evangelischen Ober-Kirchenrath — der neue Name für das Ober-Consistorium — neben dem Minister das Recht der Mitwirkung in Personal- und Anstellungssachen zugestanden war. Der Minister sah sich daher, während und obwohl er den Vorsitz in der oberen Kirchenbehörde nicht mehr zu führen hatte und außer aller Verbindung mit ihr stand, auf ein bloßes Theilnahmerecht bei Stellenbesetzungen beschränkt. Als dieses Recht — das einzige von Bedeutung, was ihm außer in externis geblieben — noch mehr beschränkt und auf ein bloßes votum negativum reducirt werden sollte, glaubte dies Herr v. Raumer, der für seine Person die evangelischen Kirchensachen unter den obwaltenden Umständen gern gänzlich abgegeben hätte, aus rein sachlichen Gründen für sehr bedenklich erachten zu müssen.

Er besorgte davon eine totale innere Umbildung der herkömmlichen Stellung des geistlichen Departements zu den verschiedenen Kirchen- und Religionsgemeinschaften, indem der Minister der geistlichen Angelegenheiten, was immer auch seine persönliche Ueberzeugung sein möge, nothwendig in die Lage kommen werde, amtlich zur evangelischen Kirche sich nicht anders zu stellen, als zu den übrigen Kirchengemeinschaften, ja vielleicht weniger wohlwollend und rücksichtsvoll als zu der andern, schon jetzt gleichberechtigten großen Kirche des Landes, die in die leere Stelle einzutreten gern bereit sein werde. — Als eine fernere Folge des Projects erschien ihm die weitere Trennung der Schule von der Kirche; da nach der bestehenden Ressort-Verfassung beide Gebiete in dem für beide eingesetzten Ministerium ihren obersten Einigungspunkt und das gemeinsame Organ für einheitliche Behandlung der kirchlichen und der Unterrichts-Angelegenheiten fänden, so werde eine grundsätzliche Schmälerung der ministeriellen Attribute in Kirchensachen eine weitere Lockerung des ohnehin losen Zusammenhangs zwischen Kirche und Schule unausbleiblich zur Folge haben und die Schule noch mehr zu einer bloßen Einrichtung des Staats machen.

Bei so gewichtigen principiellen Bedenken widerrieth der Minister die intendirte Aenderung und bat, als dies erfolglos blieb, um seine Entlassung, die jedoch, unter Bezeigung der Allerhöchsten Zufriedenheit, in Gnaden abgelehnt wurde.

Die neue Einrichtung trat in's Leben und damit jede tiefere Einwirkung des Ministers auf die interna der evangelischen Kirche in Wegfall, während die lästige Seite ihrer äußern rechtlichen Vertretung und ihrer finanziellen Versorgung ihm nach wie vor verblieb.

Persönlich fühlte der Minister sich einer schweren Verantwortung enthoben und einer drückenden Last unerfreulicher Zwischenverhandlungen, wie sie ein gemischtes Ressort auch bei beiderseits bestem Wollen stets zur Folge zu haben pflegt; ob seine Amtsfreudigkeit im Uebrigen dieselbe geblieben, mag auf sich beruhen.

Sicher ließ er an treuer Fürsorge für die externa der evangelischen Kirche jetzt es so wenig wie ehedem fehlen. —

In dieser Beziehung bleibt uns der Vollständigkeit wegen noch zu bemerken, daß er in Verein mit den übrigen Ressort-Ministern die bekannten Anordnungen herbeiführte für würdigere Feier der Sonn- und Festtage, für Verlegung der Landwehr-Control-Versammlungen auf Werkeltage und für Befreiung der evangelischen Theologen vom einjährigen Militairdienst.

Nicht minder ließ er dem segensreichen Werk der General-Kirchen-Visitationen, so viel an ihm lag, die treueste Unterstützung angedeihen und entwickelte für Gründung neuer Parochieen und Pfarreien, Anstellung von Hülfsgeistlichen, Erhöhung des Pfarreinkommens, würdigere Ausführung der

Kirchenbauten ꝛc. unausgesetzt eine erfolgreiche Thätigkeit.

Dabei verstand er, mit Wenigem Haus zu halten und erlag nicht dem Vorwurfe, gegen Mängel und Fehlgehen der Verwaltung in kostspieligen Neuerungen und großen Geldaufwendungen Abhülfe zu suchen; der Finanzminister wußte zu rühmen, daß von seinen Collegen der Cultusminister ihm der am wenigsten unbequeme sei.

Insonderheit aber ist an dieser Stelle hervorzuheben, daß der Minister mit eben so großer Umsicht wie Unverdrossenheit die schweren Verluste, womit das neue Ablösungsgesetz die Kirchen, Pfarren, Schulen ꝛc. bedrohte, glücklich abzuwenden oder doch zu mindern wußte.

Wir wissen wohl, daß, wenn der Mensch nicht vom Brod allein lebt, dies noch mehr von der Kirche Christi gilt, und wir überschätzen deshalb den Besitz und Rechtsschutz irdischen Gutes für sie nicht. Wir wissen aber auch, daß, nachdem es Gott gefallen hat, Seine Kirche in Deutschen Landen Hand in Hand mit der weltlichen Obrigkeit und Zug um Zug mit den staatlichen Bildungen sich ausbreiten, gründen und zu gesichertem Besitz gelangen zu lassen, dieser Besitz nicht angetastet werden kann, ohne großes Unrecht und schwere Versündigung, und folgeweise nicht, ohne über das Land, wo solche Spoliation ungehemmt und ungesühnt sich vollzieht, Gottes schweres Strafgericht zu bringen.

Auch um der Kirche und Schule selbst willen war ein Einschreiten von großer Bedeutung, da es um Millionen jährlich sich handelte, um Millionen, die nicht etwa der Armuth, sondern im Wesentlichen den

Wohlhabenden und Besitzenden zu Gute gekommen sein würden.

Dessenungeachtet war die Vorbereitung und Durchbringung der zur Abhülfe vorgeschlagenen Maßregel nicht leicht. Nicht nur waren der Widerstreit des entgegenstehenden Privat-Interesses vieler Betheiligten zu überwinden, sondern auch die aus dem allgemeinen Interesse der Landescultur entnommenen Einwendungen. Dazu kam der Vorwurf neuer Bevorzugung der Kirche ɿc. vor anderen Abgabeberechtigten und die schwer zu entkräftende Behauptung, es sei die projectirte Maßregel unvereinbar mit der im Art. 42 der Verfassungs-Urkunde gewährleisteten Ablösbarkeit der Grundlasten.

Die Sachkenntniß und Entschiedenheit des Ministers wußte jedoch alle entgegenstehenden Schwierigkeiten zu überwinden. Nach langen Vorbereitungen wurde im Frühjahr 1857 die Sache zum Abschluß gebracht und unter dem 15. April das Gesetz publicirt, wonach feste Abgaben an Körnern und Brennmaterial in natura fortzuentrichten sind, für die übrigen Reallasten aber eine in Geld abzuführende Roggenernte festgestellt wird, und Ablösungen in Capital von der freien Vereinigung der Interessenten abhängig sein sollen.

III.
Katholische Kirche.

Unter ungleich weitere und größere Gesichtspunkte als die am Schluß des vorigen Abschnitts behandelten Gegenstände fielen die Angelegenheiten der katholischen Kirche. Ihre zwar langsam, aber stetig angewachsene Bedeutung und ihre neueste Gestaltung in Preußen pflegt selten nach Gebühr beachtet zu werden trotz der Ankündigung, daß der letzte Schlag gegen den Protestantismus auf dem Brandenburgischen Sande fallen werde. Versuchen wir mit einigen Worten sie anzudeuten.

Während in den außerdeutschen Ländern entweder die Römische oder die Griechische oder die protestantische Kirche die allein berechtigte ist, hat in dem Heimathlande der Reformation von den zwei streitenden Kirchenparteien keine der andern Herr zu werden vermocht. Beide bestehen nach Geschichte und Staatsverträgen mit gleichen Rechten in Deutschen Landen. Und diese kirchliche Spaltung der Nation, die dem politischen Leben eine empfindliche Schwächung bereitet, dem religiösen und geistigen aber eine Freiheit, Fülle und Tiefe ohne Gleichen verleiht, ist hinüber geleitet fast in jeden Einzelstaat. Als ob dem Deutschen Volk die Aufgabe des geistigen Durcharbeitens und Durchkämpfens der kirchlichen Gegensätze von Neuem und nachdrücklich hätte eingeprägt werden sollen, waren den Staatsmännern des Wiener Congresses die Augen gehalten, daß sie bei den weiten Gebietsregulirungen an alles Andere eher dachten, als daran, welchem Bekenntniß die „Seelen" angehörten, die sie dem einen oder andern Staate zur Completirung des ihm zugesprochenen Länder- oder Einwohner-Quantums zuwiesen.

Insbesondere war hiervon Preußen betroffen worden. Wie noch bei jeder bedeutenderen und dauernden Gebietserweiterung seit seiner Großmacht-Stellung hatte es wiederum vorwiegend katholische Landestheile erworben und darunter diesmal die ältesten und vornehmsten Sitze des Deutschen Katholicismus, die, als auf den sandigen Flächen und Morästen der Stamm-Provinzen noch die Nacht finsteren Heiden- und Barbarenthums gelagert, längst berühmte Stätten christlicher Gesittung und Bildung gewesen waren und durch alle Wechselfälle kirchlicher und politischer Umgestaltungen hindurch ihren katholischen Character zu bewahren gewußt hatten. Bald sollte sich zeigen, was dieser Zuwachs an Macht zu bedeuten habe; wohl konnte man sagen:

Borussia nescit,
Quod nova potentia crescit.

Als trotz wohlwollendster Fürsorge nicht nur für die allgemeine Wohlfahrt der neuen Provinzen, sondern speciell auch für die äußern Bedürfnisse des dortigen katholischen Kirchenwesens die Staatsregierung, von den aufklärerischen und absolutistischen Tendenzen des Altpreußenthums verleitet, in der Frage von den gemischten Ehen mit dem Episcopat in Conflict gerathen war, hatte dieser Con-

flict mit der Niederlage der territorialistischen Staatsomni=
potenz und dem eben so entschiedenen wie nachhaltigen
Siege der katholischen Kirche und Hierarchie geendet, und
es datirt von da eine neue Epoche, deren Wirkungen für
das öffentliche Leben weit über die damaligen Streit=
Objecte und Parteien hinausgriffen.

Als sodann das Jahr 1848 zu den Umgestaltungen
unserer Verfassungszustände führte, die in der Urkunde
von 1850 ihren schließlichen Ausdruck fanden, war es
wiederum der Katholicismus, der vornehmlich gewonnen
und einen Zuwachs an Rechts= und Machtstellung erlangt
hat, dessen Tragweite noch kaum abzusehen ist. Die oben
aus anderm Anlaß erwähnten Verfassungs=Bestimmungen
über das nunmehrige Verhältniß der Kirche zum Staat,
die gegenüber den anderen Religionsgesellschaften aus nahe=
liegenden Gründen großentheils in's Freie fielen und fallen
mußten — gegenüber der katholischen Kirche, die in ihrer impo=
santen und fein durchgebildeten Verfassung geeignete Or=
gane hatte, um diese Ueberfülle von Gaben sofort zu er=
greifen und einzuheimsen, wurden sie augenblicklich gewich=
tige und praktische Realitäten. Emanation hier und An=
eignung dort war wie Blitz und Schlag, wie ein Act,
der eine neue Ordnung der Dinge in's Leben rief.

Nachdem so die Sachlage sich gestaltet und im pro=
testantischen Preußen die katholische Kirche zum zweiten
Mal einen großen unberechenbaren Schritt vorwärts ge=
than hatte, wurde mit der staatlichen Leitung ihrer Ange=
legenheiten dem neuernannten Minister eine Aufgabe zu
Theil, die nach demjenigen, was so eben über die that=
sächlichen und rechtlichen Umgestaltungen auf diesem Gebiet

bemerkt worden, bei dem engen Zusammenhang der katholischen Frage mit den Fragen der innern und äußern Politik und bei der stets erforderlichen Rücksichtsnahme auf die altpreußischen Traditionen und die wirklichen oder vermeintlichen Interessen der evangelischen Kirche, als eine der schwierigsten in der Preußischen Staatsverwaltung bezeichnet werden muß.

Der Minister, frei von rationalistischem Widerwillen und pietistischer Geringschätzung gegen die katholische Kirche, war entschlossen, ihr mit voller Gerechtigkeit zu begegnen. Mehr empfänglich für fertige und abgeschlossene Gestaltungen, als für flüssige noch nach Form und Ausdruck ringende Erscheinungen, konnte er ihrem festen Lehrinhalt, ihrer starken und ausgebildeten Verfassung, ihrer straffen Disciplin seine Anerkennung nicht versagen. Diese Anerkennung machte es ihm leicht, aufrichtiges Wohlwollen gegen sie zu üben und ihren billigen Wünschen fördernd entgegenzukommen. Zugleich aber war er viel zu sehr Preuße und in specie auch preußischer Beamteter, um den Rechten des Staates zu nah treten zu lassen, und wohl war er sich bewußt, daß dieser Staat, der geschichtlich aus der Reformation hervorgegangen, von der Kirche der Reformation nicht zu trennen sei.

An scharfen Contestationen über Sinn und Bedeutung der Verfassungs-Urkunde konnte es nicht fehlen, weder mit den katholischen Bischöfen noch mit den katholischen Abgeordneten, die auf dem Landtage zu einer durch Zahl, Talent und Organisation bedeutenden Stellung gelangt waren.

Ungeachtet der großen Concessionen, die alsbald nach

dem Regierungsantritt seiner Majestät des Königs der katholischen Kirche gemacht waren (freier Verkehr mit Rom 2c.) wurden fast alle die gewichtigen Fragen wieder flüssig, um welche seit dem Mittelalter der Streit zwischen beiden Gewalten sich gedreht hatte.

Indem Art. 15 der Verfassungs-Urkunde der katholischen Kirche die selbständige Ordnung und Verwaltung ihrer Angelegenheit zugesichert, schien jede Art von Concurrenz und Mitaufsicht des Staats beseitigt zu sein. Die allgemeine Fassung dieses Artikels gab der Annahme Raum, daß die Kirche Roms in dem Hauptstaat des Deutschen Protestantismus nicht blos Freiheit und Autonomie, sondern eine Selbstherrlichkeit erlangt habe, wie selbst in keinem katholischen Lande; danach wäre, was man seither in Concordaten mit dem Päpstlichen Stuhl der Kirche nur theilweise und als vereinzelte Concession zugestanden, hier in grundsätzlicher und uneingeschränkter Allgemeinheit garantirt worden.

Ja, so sehr hatten die Dinge sich umgekehrt, daß, was früher als eine Vergünstigung und ein Zugeständniß des Staates an die Kirche angesehen worden, jetzt als eine lästige Beschränkung der Kirchenfreiheit und eine besondere Prärogative des Staats erscheinen konnte, z. B. das sehr bedeutsame Recht der staatlichen Concurrenz bei den Wahlen der Bischöfe 2c. auf Grund der Bulle de salute animarum.

Die Frage, ob der status quo ante bis zu specieller Regulirung durchweg aufrecht zu erhalten sei, erwuchs in voller Schärfe für den Minister nicht; denn in vielen zum Theil wichtigen Punkten war bei seinem Amtsantritt bereits im entgegengesetzten Sinne verfahren und das alte Recht für beseitigt angenommen worden. Schon dies war von Bedeutung für ihn, und wo nicht ein dringendes Interesse oder ein ganz klares Recht des Staats zur Wiederumkehr nöthigte, beließ er es lieber bei der neu begonnenen Praxis, als daß er durch abermaligen Wechsel zu Besorgnissen und Mißtrauen gegen die Staatsregierung Anlaß geben mochte. Als Regel jedoch hielt er fest, daß bis zu anderweiter Regulirung der seitherige Zustand aufrecht zu halten und ein einseitiges, unvermitteltes Abgehen davon nicht zu dulden sei.

Inzwischen genügte dies nicht lange, und gegenüber dem Streben des andern Theils, auf Grund des Art. 15 via facti den status quo zu ändern, mußte die Position der Staatsregierung immer mißlicher werden, wenn es nicht gelang, für die richtige Auslegung und Anwendung einen inneren objectiven Anhalt zu finden. Dieser fand sich; vornehmlich das ungestüme Drängen der andern Seite, die, ohne es wohl selbst zu wissen und zu wollen, von der Gewalt des proclamirten Princips ergriffen, weit über das Maß des Zulässigen und Möglichen hinausgetrieben wurde, gab ihn an die Hand.

Hatte nach Art. 15 die katholische Kirche ihre Angelegenheiten selbständig zu ordnen und zu verwalten, so stand ein gleiches Recht in seiner Sphäre sicher auch dem Staat zu. Der eine Satz war nicht minder richtig als der andere, wenn er auch nicht in der Verfassungs-Urkunde von 1850 stand. Indem daher der Minister einer abstract gefaßten Autonomie der Kirche eine gleich autonome Stellung des Staats entgegenhielt und wiederholt geltend machte, daß auch der Preußische Staat seine Angelegenheiten selbständig zu ordnen und zu verwalten habe, führte er die Frage auf ihre reale Basis zurück.

Er erreichte damit, daß für die vielen und wichtigen Angelegenheiten, die dem gemeinschaftlichen Gebiet beider Gewalten angehören und um die vorzugsweise, wenn nicht allein, es sich handelte, die Nothwendigkeit gemeinsamer Verständigung und Vereinbarung zur Anerkennung und Geltung kam. Hiermit war ein bedeutender Schritt für die Verwaltung gethan. Daß nicht alsbald auch ein formaler Abschluß und eine urkundliche Feststellung erfolgte, ließ freilich viele und wichtige Fragen in der Schwebe, bot aber den Vortheil, daß einem voreiligen Resumiren und Codificiren vorgebeugt wurde.

In der laufenden Verwaltung suchte der Minister die Einmischung in kirchliche Angelegenheiten thunlichst zu vermeiden und in diesem Sinne auch auf die Provinzial-Behörden einzuwirken. Vornehmlich war er bemüht, solche Streitsachen, in welchen, wie häufig der Fall, Privatrechte kirchlicher Natur concurrirten, der Entscheidung durch die Administrativ-Behörden zu entziehen und auf den ordentlichen Weg Rechtens zu verweisen. Er verhehlte sich nicht das Ungenügende und Bedenkliche des an keinerlei Rechtsformen gebundenen Administrativ-Verfahrens und das Mißliche darauf gegründeter Entscheidungen. Nirgends treten die Mängel mehr hervor, als in Streitfällen confessioneller Art. Nichts kommt begreiflicher Weise der Erregtheit der Gemüther gleich, die bei einmal entbranntem

Streit da sich findet, wo die Angehörigen eines Ortes oder einer Gemeinde in zwei Bekenntnissen auf verschiedenem Wege ihre Seligkeit suchen. In solchen Fällen vor Allem erschien es zur Sicherung der Autorität der zu treffenden Entscheidung wünschenswerth, daß diese nicht nur sachlich auf gründlicher Instruction und geordnetem contradictorischen Verfahren beruhe, sondern auch in der Form unter Gerichtshand und Siegel erfolge.

Von großer Bedeutung für die Staatsregierung war, daß ihr das schon erwähnte Recht der Concurrenz bei den Bischofswahlen 2c., nachdem es die octroyirte Verfassungs-Urkunde vom 5. December 1848 gänzlich in Wegfall gebracht hatte, durch Art. 18 der revidirten Verfassung der Hauptsache nach, nämlich in soweit, als es „auf dem Patronat oder besonderen Rechtstiteln beruht," erhalten geblieben.

Der Minister gab der katholischen Kirche keinen Anlaß, diese Retablirung zu beklagen. Ihm war es Gewissenssache, bei Wiederbesetzung erledigter Bischofssitze 2c. im Sinne seines Königlichen Herrn an erster Stelle allein die kirchliche Tüchtigkeit der in Betracht kommenden Candidaten in's Auge zu fassen und nicht etwa, worin man sonst wohl eine besondere Staatsweisheit gefunden, auf schwache, weltförmige, indifferente Männer sein Augenmerk zu richten. Mit Recht war er der Meinung, daß dieser Grundsatz zugleich im wohlverstandenen Interesse des Staates liege, und nichts dem Gouvernement schlechtere Dienste geleistet habe, als die anfängliche Nachgiebigkeit geschmeidiger Prälaten; denn nur durch ihr Verhalten seien die Vorgänge möglich geworden, die der Regierung so große Verlegenheiten bereitet hätten und bei ganz veränderten Verhältnissen bis zu dieser Stunde Mißtrauen erregend fortwirkten.

Gleiche Grundsätze und eine gleich richtige Würdigung der moralischen Kräfte in den Dingen leiteten ihn in der nie von der Tagesordnung kommenden Frage von den gemischten Ehen. Es fehlte nicht an einflußreichen Stimmen, welche, unbelehrt durch den Ausgang des Kölner Streites und seine Folgen, behufs thunlichster Verschmelzung der getrennten Confessionen die Eingehung von Misch-Ehen als im Staats-Interesse begründet darstellten und deshalb verlangten, das Gouvernement solle seinerseits derartige Eheschließungen auf alle Weise fördern und erleichtern. Die Consequenzen dieser Auffassung lagen zu Tage; das Verhalten der Staatsregierung zu der katholischen Kirche wäre von der Wiederaufnahme und Verfolgung dieser Tendenzen im innersten Centrum influirt und unvermeidlich allseitig im Josephinischen Sinne bestimmt worden.

Nicht minder, als solche Stimmen, wußte der Minister verwandte Rathschläge allgemein kirchenpolitischer Art zurückzuweisen, die, wie sehr sie auch augenblicklichen Verlegenheiten abhelfen zu können schienen, doch nicht einem Gedankenkreise angehörten, der auf Deutschem Boden und an der Betrachtung der eigenthümlichen Entwickelung der kirchlichen Dinge in Deutschland sich gebildet.

Diese verlor der Minister nie aus den Augen, und nie konnte er daher in Gefahr kommen, für die Behandlung Preußischer und Deutscher Zustände die anglikanische Anschauung zum Muster zu nehmen, welche in den Katholiken Dissenter und in dem Papst nur den Bischof von Rom sieht.

Andererseits widersprach er mit nicht minderer Entschiedenheit dem gleichfalls nach einem fremden Vorbilde formirten Antrage auf Einsetzung eines eigenen katholischen Cultusministers in Preußen.

Sein Verhalten war kein willkürliches; es lagen ihm stets dieselbe geschichtliche Auffassung der gegebenen Verhältnisse und dieselben principiellen Zielpunkte zu Grunde. Wir glauben nicht fehlzugreifen, wenn wir als den Gedanken seiner Verwaltung das Streben bezeichnen, unter Festhalten an den positiven Grundgedanken der Deutschen Reformation die gewaltigen Mächte der Autorität, Zucht und Erhaltung, welche der Katholicismus birgt, für den Staat und seine Aufgaben fruchtbar zu machen und sie als Correctiv und Gegengewicht zu fassen gegen die dissoluten, vorlauten und zersetzenden Elemente des preußischen Wesens, die in der negativen Seite des Protestantismus unablässig Schutz und Halt suchen.

Diese Auffassung, eines preußischen und conservativen Staatsmannes in hohem Maße würdig, scheint sich ihm weniger auf theoretischem wie auf praktischem Wege ergeben zu haben als das ungesuchte und deshalb um so beachtenswerthere Resultat täglicher Wahrnehmungen und Erfahrungen in seiner, weite Gebiete des kirchlichen und politischen Lebens überschauenden Amtsthätigkeit.

Dabei fehlte es, wie bekannt, neben protestantischen Verdächtigungen nicht an katholischen Beschwerden; man wird sich erinnern, daß, so lange der Minister im Amt, diese Beschwerden einen stehenden Artikel in den Landtags-Verhandlungen bildeten. Sicher würde ein liberaler, religiös indifferenter Staatsmann den Ansprüchen der Katholiken in dem einen oder anderen Punkt mehr nachgegeben und dieselben vorübergehend sich mehr geneigt gemacht haben; nahe liegende Erfahrungen beweisen ja, wie leicht und häufig der Katholicismus und Liberalismus sich alliiren. Allein langen Bestand hätte eine solche entente cordiale voraussichtlich nicht gehabt.

Auf die Dauer wird bei der hundertfachen Durchschlingung der staatlichen und kirchlichen Dinge und bei der Pression, die der moderne vielregierende Staat naturgemäß auf die letzteren ausübt, jederzeit auch die katholische Kirche ihres selbständigen Organismus ungeachtet inne werden, ob die Hand, der die staatliche Leitung ihrer Angelegenheiten anvertraut ist, ihr aus Indifferentismus oder in sympathischer Anerkennung ihrer christlichen Mission freie Entwickelung und Bewegung gestattet.

Wir zweifeln nicht, daß die Katholiken Preußens im Hinblick auf die Raumer'sche Verwaltung diesen Unterschied wohl erkannt haben oder noch erkennen werden, auch ohne Vergleichung ihrer Lage mit derjenigen ihrer Glaubensgenossen in mehr als einem katholischen Staat jenseit des Rheins wie der Alpen.

In solcher Erkenntniß aber liegt ein großer Fortschritt, und diesen Fortschritt angebahnt und die Vereinbarkeit aufrichtiger Förderung katholischer Interessen mit gläubig protestantischer und conservativer Staatsanschauung und Verwaltung thatsächlich in Preußen documentirt zu haben, halten wir für ein hervortretendes Verdienst des verewigten Ministers. Ob dies offen anzuerkennen, aus Gründen, die wir beklagen, der andern Seite schwer fallen mag, — uns hindert das nicht, es in wahrer Katholicität freudig zu constatiren. Wir sehen darin ein Pfand für das zunehmende Erkennen und Offenbarwerden der Solidarität aller conservativen Interessen. Darunter aber verstehen wir alle die Interessen, die in dem lebendigen Gott ihren Ursprung haben und, Seine Ehre suchend, zu Ihm zurückstreben.

IV.
Oeffentlicher Unterricht.

Von einer Seite, die zu schmeicheln nicht gewohnt, ist dem verewigten Minister noch bei Lebzeiten nachgerühmt worden, er habe im Bekenntniß der Kirche gestanden, wie kein Chef des geistlichen Departements in Preußen vor ihm. Wie ist dann — so hören wir fragen — seine Stellung gewesen zu freier Geistesbildung und Wissenschaft? Zu dieser Frage drängt auch, rein sachlich betrachtet, die amtliche Doppelstellung des Cultusministers, wie sie in den heutigen Staatsverhältnissen begründet ist.

Suchen wir darüber und über das Verhältniß der Wissenschaft in unsrem Staatsleben, das bekanntermaßen sogar Gegenstand verfassungsmäßiger Festsetzung geworden, uns mit Wenigem zu orientiren, um für ein unbefangenes Urtheil in dieser schwierigen Materie eine möglichst gesicherte Grundlage zu gewinnen.

Der moderne Staat, indem er, seinem Extensions-Triebe nachgebend, auch die Leitung der gesammten Volks- und wissenschaftlichen Bildung über sich genommen und zur Sache der Regierung gemacht, hat sich einer schwer zu bewältigenden Aufgabe unterzogen.

Mag man auf die Elementar- oder auf die Gelehrten- und Hochschule blicken, hier wie dort erschrickt man vor der Last der Verantwortlichkeit solchen Unternehmens. Dort ist es die unvertilgbare Reminiscenz an die alte Ordnung der Dinge — so alt wie Christenthum und Cultur in Deutschland — was uns sagt, daß die Unterweisung der Jugend in den Elementen des Wissens Sache der Kirche ist. In Bezug aber auf höheres Wissen und die Aufgaben des wissenschaftlichen Lebens tritt als eigenthümliche Schwierigkeit das hervor, daß geistige Potenzen von solcher Wucht und Dimension officiell vom grünen Tisch aus geleitet und regulirt werden sollen. Diese Schwierigkeit steigert sich durch das Verhältniß des Staats zu Kirche und Christenthum; denn der moderne Staat, der Alles sein will, will auch christlich sein. Woher und wofür hätte er sonst seinen Cultusminister?

Wer aber sieht nicht, daß bei dem heutigen Stande der Wissenschaft hier die schwersten Conflicte nicht ausbleiben können? Wer glaubt noch an eine Ausgleichung zwischen Wissen und Glauben, zwischen modernem und christlichem Denken? Wohl hat die Wissenschaft selbst den Ruf zur „Umkehr" erhoben und damit Zeugniß gegeben von den Kräften heilsamer Reaction, die in ihr leben. Allein hat dieser Ruf nicht auch gezeigt und offenbar gemacht, wie weit es gekommen mit dem Fehl- und Irregehen eines Gott entfremdeten Denkens? Nach wie vor sehen wir die wissenschaftliche Welt von gewaltigen Kräften der Verneinung erregt, die fortschreiten bis zum Verleugnen nicht nur der christlichen, ja überhaupt religiösen, sondern auch aller transcendentalen Anschauungen.

Ist es nicht, als ob die Alleinherrschaft einer von verhülltem Pantheismus zu nacktem Atheismus fortgeschrittenen Philosophie nur gebrochen sei, um den noch trostloseren Lehren eines wüsten Materialismus Platz zu machen, der gleichwohl für seine abschreckenden Theorieen, wissenschaftliche Stützpunkte sucht? Und auch, wo nicht gerade systematisch und bewußt den Grundwahrheiten und Anschauungen des Christenthums entgegengearbeitet wird, wie verbreitet ist nicht auch da die Abwendung von ihnen und das Erfülltsein mit allgemein-humanistischen Ideen oder auch wohl antik-heidnischen Idealen!

Kann und darf nun wissenschaftlichen Strebungen und Leistungen, die auf solcher Basis ruhen, um ihrer Abwendung vom Christenthum oder selbst um ihres ausgesprochenen Gegensatzes willen Duldung und Freiheit der Gestaltung versagt werden? Wenn aber nicht, wenn ihnen vielmehr nicht nur Duldung, sondern nach dem Maße ihrer wissenschaftlichen Bedeutung selbst Anerkennung und Förderung von Staats wegen zu Theil wird, wie stimmt es dann, mit der einen Hand die Kirche Christi bauen, mit der andern die Kräfte, die bewußt oder unbewußt ihr entgegenarbeiten, sammeln, berufen und stärken?

Die Antwort auf diese Frage ist nicht leicht, und doch soll ein Preußischer Cultusminister sie nicht schuldig bleiben.

Zuvörderst wird er erwiedern können, daß sein Amt, wenn ihm auch einzelne kirchenregimentliche Attribute verblieben sind, wesentlich doch ein Staatsamt sei, und deshalb seine Aufgabe für Realisirung christlicher Principien nicht weiter gehen könne, als der christliche Charakter des Preußischen Staates.

Er wird ferner hinweisen auf die eigenthümliche Stellung gerade dieses Staates zu Geistesbildung und Wissenschaft, so wie auf die besondere Bedeutung der letzteren unter den in Deutschland obwaltenden kirchlichen und politischen Verhältnissen.

Wo in einer langen und bedeutsamen Epoche die Philosophie im Geistesbunde mit Voltaire auf dem Königsthron gesessen, da wird schwerlich ein Cultusminister ihre Systeme unter kirchliche Censur stellen wollen. Weder ein abstractes Schriftprincip, noch ein kirchliches Sondersymbol würde ihm dabei als Canon dienen können. Wenn selbst in der Kirche und im kirchlichen Lehramt das geschichtliche Bekenntniß kaum seine Autorität behauptet, kann es dann der Staat zum Richtmaaß machen für sein Verhalten zur Wissenschaft? Und welches Bekenntniß könnte dies auch sein? Gilt nicht neben dem lutherischen das reformirte, neben der Augustana das Tridentinum?

Dies die kirchliche Seite; wie steht es um die politische?

Eine Preußische Wissenschaft giebt es nicht, wohl aber eine Deutsche, und sie ist es, mit der der Preußische Unterrichtsminister zu operiren hat. Wird nun die eben besprochene kirchliche Spaltung noch überboten von der staatlichen Zerstückelung, kann es da bei der Natur des Deutschen Geistes, der prädisponirt zu wissenschaftlichem Forschen, die Gedanken der Menschheit bald nach-, bald vorzudenken hat, Wunder nehmen, wenn in dem solchergestalt zwiefach zertheilten Deutschland die Wissenschaft schon vermöge ihres universell nationalen Charakters eine jeden Einzelstaat und jedes Einzelbekenntniß überflügelnde Macht bildet? Je weniger der einheitlich nationale Gedanke auf den großen gottgeordneten Gebieten der Kirche und des Staats zu vollem, unbeengtem Ausdruck kommt, desto stärker ist sein Pulsschlag im Bereich des wissenschaftlichen Lebens; hier giebt es keine Zoll- und Grenzpfähle.

Der Deutsche Staatsmann ist an erster Stelle Preuße oder Oesterreicher ꝛc.; der Deutsche Krieger trägt die schwarz-weiße oder die schwarz-gelbe Kokarde — der Deutsche Gelehrte aber ist und bleibt an erster Stelle Deutscher, gleichviel ob sein Lehrstuhl in Berlin oder München oder selbst in Zürich steht. Nach dem Maß seines Geistes und Wissens ist er der Mann des gesammten Deutschlands, der den Particularismus der Einzelstaaten, in allem Andern so spröde und exclusiv, um seinen Besitz mit Eifersucht werben sieht.

Die Macht, der er dient, man kann sie die dritte Deutsche Großmacht nennen, sowohl was ihre Selbständigkeit wie ihren geistigen Einfluß betrifft.

Wir können sie nicht ohne Weiteres loben, diese Präponderanz und Großmachts-Stellung der Wissenschaft im Deutschen Leben; sie ist anomal und nur gedenkbar in der Quasi-Anarchie eines gebrochenen sacerdotium und imperium über Germanien. Allein wir müssen sie als Thatsache constatiren, als Thatsache von intensiv größter Bedeutung, die der Natur der Sache nach kaum irgendwo stärker sich äußert, als in Preußen, das, hervorgegangen aus dem Schisma der abendländischen Kirche und neugegründet auf den Trümmern des Reichs, einerseits auf dem gleichen Princip der Bewegung ruht, andererseits dasjenige Land ist, das aus dem großen Scheidungs- und Auflösungs-Proceß am meisten vor allen andern die Elemente Deutschen Geistes und Lebens in sich hinüber zu retten und staatlich zu verarbeiten gewußt hat.

Preußen also kann die Deutsche Wissenschaft am wenigsten als ein Fremdes sich fern halten. Es muß sie vielmehr als ein ihm geschichtlich eingepflanztes Lebens-Element erkennen, dem es Pflege und Schutz, vor Allem aber die Freiheit zu gewähren hat, sich nach seinen eigenen Gesetzen zu gestalten.

Dies ist es, was, wie in den weiland Deutschen Grundrechten, so in dem sprichwörtlich gewordenen Artikel 20 der Verfassungsurkunde seinen Ausdruck gefunden hat, und wenn es auch eine schwere Verirrung des codificirenden Constitutionalismus bleibt, solche Allgemeinheiten zu Verfassungssätzen zu erheben, so ist doch zuzugeben, daß sachlich in diesem Falle nicht fehlgegriffen und nur ausgesprochen ist, was in Preußen immer gegolten hat, und so lange dieser Staat ohne Gleichen mit sich und seiner Geschichte im Einklang bleibt, auch ferner Geltung behaupten wird.

Muß nach Vorstehendem der Wissenschaft eine **autonome** Stellung zuerkannt werden, so doch keine **souveräne**.

Mit derselben Bestimmtheit, wie wir jene anerkennen, müssen wir diese bestreiten. Daß zwischen beiden scharf unterschieden werde, ist von größter Bedeutung, zumal Preußen neben seiner Deutschen, zugleich eine Europäische Machtstellung zu wahren und zuletzt doch, wie noch in frischem Andenken, für alle Extravaganzen und liberalisirenden Experimente der Kleinen mit seinen Bajonetten einzutreten hat. Allein jene Unterscheidung giebt für das Verhalten des unter der Last des Alles Wollens und Sollens fast erliegenden Staates zur Wissenschaft ein festes Princip an die Hand und bestimmte Gesichtspunkte, die der Unterrichts-Verwaltung zum Anhalt dienen können.

Auch wo dieses Princip erkannt ist, wird es freilich an innern Conflicten und Widersprüchen nicht fehlen. Auch werden diese Widersprüche nicht gering, sie werden indeß nicht stärker sein, als sie in einer Welt streitender und im Streit sich entwickelnder Gegensätze das Leben des Einzelnen wie der Gesammtheit hundertfach bietet.

Der Preußische Cultusminister, wenn er neben dem Weizen das Unkraut nicht bloß dulden, sondern vielfach selbst pflegen und begießen muß, er hat mit des Säemanns Knechten der Zeit der Ernte sich zu getrösten. Er hat als Staatsmann mit gegebenen Factoren und nicht mit idealen Größen zu rechnen und als Christ, wenn er den Widerstreit seiner Aufgaben fühlt, sich gesagt sein zu lassen, was von der „Geduld der Heiligen" geschrieben steht. Seine Action, wenn auch persönlich schwieriger und verantwortungsvoller, wird sachlich doch um so freier und entschiedener zugleich sein können, je mehr er im Bekenntniß und gesunden Glauben der Kirche steht.

Ein gläubiger Christ und treuer geistlicher Minister braucht also mit Nichten ein schlechter Unterrichtsminister zu sein.

Fragen wir nun, ob in der oben beschriebenen Weise Herr v. Raumer, dessen kirchliche Stellung wir kennen, sein Verhältniß zu Geistesbildung und Wissenschaft aufgefaßt und die Förderung der Interessen des wissenschaftlichen Lebens nach den diesem selbst inwohnenden Gesetzen als seine Aufgabe erkannt hat, so kann es kaum auffallen, einer verneinenden Antwort und dem Urtheil zu begegnen, der verewigte Minister sei nicht genug ein Mann der Wissenschaft gewesen. Wird dieses Urtheil näher dahin formulirt, daß die Aufgaben der wissenschaftlichen Welt seinem gewohnten Gesichtskreise fern gelegen und er vornehmlich die Maßstäbe kirchlichen Interesses und staatlicher Ordnung an sie herangebracht habe, so wird das, auf die Zeit seines Amtsantrittes bezogen, kaum als ein Vorwurf gelten können, wenn man sich erinnert, daß die offene Revolution, vor welcher den „Staat der Intelligenz" die emsig gepflegte Wissenschaft nicht geschützt hatte, so eben erst und zwar nicht auf wissenschaftlichem Wege niedergeworfen war.

Ferner hüte man sich, Freiheit der Wissenschaft und Pflege derselben zu identificiren und vom Staat im Interesse der erstern zu viel der letztern zu fordern. Der Staat giebt nicht und kann nicht umsonst geben. Eine von oben her gepflegte und organisirte „Wissenschaft und ihre Lehre" wird trotz Artikel 20 alles Andere eher als „frei" sein; qui prend se vend, sagt das Französische Sprichwort. Auch wird der Staat, wennschon er nicht umhin kann, von den verschiedenen Strömungen und Richtungen des wissenschaftlichen Lebens genau Kenntniß zu nehmen und hier fördernd, dort abwehrend einzutreten, seinerseits wohl thun, eingedenk der im Reiche der Geister ihm gesetzten Schranken, die Grenzen seiner Einwirkung möglichst eng zu ziehen.

Die Erinnerung an eine priveligirte Staats=Philosophie, an ihr künstliches Etabliren durch den einen und ihr planmäßiges Deplaciren durch den anderen Minister war damals noch zu neu, als daß sie nicht hätte zur Warnung dienen sollen, wenn es dessen für Herrn v. Raumer überhaupt bedurft hätte.

Dem war nicht so. Wir kennen ihn schon genugsam, um zu wissen, daß ihm seiner ganzen Art nach die Versuchung zuweit gehenden staatlichen Eingreifens fern lag; nicht aus Indolenz oder Mangel an Interesse und Verständniß für wissenschaftliche Strebungen und Leistungen, sondern aus dem eben angedeuteten principiellen Grunde. Stets blieb er sich bewußt, daß es hier um Arbeit in einem geistigen Stoff sich handle, der zu fein, als daß nicht die harte Berührung officieller Hände leicht ihm mehr schaden, als nützen könne.

Das schloß nicht aus die treuste und umsichtigste Fürsorge für die Interessen der Wissenschaft, soweit solche in die Sphäre amtlichen Handelns fällt, und noch weniger die volle Anerkennung ihrer Freiheit und Selbständigkeit.

Diese sachlich zurückhaltendere Stellung, deren Grenzen wohl hin und wieder zu eng gezogen wurden, und die uns schon bekannte knappe, oft kurz abschneidende persönliche Art des Ministers machte es dem „Deutschen Professor" nicht immer leicht, sich in seinen Anschauungen verstanden, in seinen Strebungen genugsam gewürdigt zu wissen, und ungern vermißte die gelehrte Welt, an mancherlei Rücksichten und Aufmerksamkeiten gewöhnt, daß von ihr und ihrer Bedeutung äußerlich so wenig gemacht wurde. Allein je länger desto mehr wich das Gefühl der Fremdheit und äußern Zurücksetzung vor dem überwindenden Eindruck der innern Wahrhaftigkeit, Unparteilichkeit und Sachkunde, die sich in allen Maßnahmen der Unterrichts-Verwaltung kundgaben.

Was zunächst die Universitäten betrifft, so konnte es bei näherem Bekanntwerden mit ihrer Verfassung und Wirksamkeit nicht fehlen, daß der Minister mit pietätsvoller Anerkennung erfüllt wurde gegen diese ehrwürdigen wissenschaftlichen Corporationen, das durch alle Wechselfälle politischer Umbildungen auf uns gekommene Erbe einer großen Vergangenheit.

Wohl verhehlte er die vorhandenen Mängel sich nicht, nicht die Schattenseiten der ungeordneten Freiheit des Studirens, des losen Verhältnisses zwischen den akademischen Lehrern und Schülern. Allein wie sehr er es auch beklagte, daß die heutige Universität, statt das akademische Sein und Leben in seiner Totalität zu erfassen, der studirenden Jugend nur wissenschaftliche Vorlesungen biete, beschied er sich, daß ihr der verlorene Charakter einer wahren alma mater für genossenschaftliche Heranbildung der Jugend in sittlich stärkender Zucht und geordneter Freiheit nicht wieder gewonnen werden könne ohne thätige Mitwirkung der hierzu jetzt nicht befähigten Kirche.

Jeder Gedanke an organische Aenderungen in der Verfassung und Einrichtung der Universitäten blieb ihm hiernach fremd. Um so mehr ließ er den Schutz und die Pflege des Bestehenden auf der alten überkommenen Basis sich angelegen sein, stets bemüht, Alles zu vermeiden und den Universitäten fern zu halten, was bei Professoren oder Studirenden das Gefühl hergebrachter akademischer Freiheit und das Bewußtsein einer geachteten, dem gewöhnlichen Treiben entrückten Lebensstellung hätte beeinträchtigen können.

Bei dieser Auffassung ergab sich als das weitaus Wichtigste seiner Aufgabe die Besetzung der Lehrstühle. Daran besonders hatte Geist und Richtung der Verwaltung sich zu zeigen, daran sich zu bethätigen, ob die Wissenschaft nach ihr fremden Gesichtspunkten oder nach „innerhalb der Welt des wissenschaftlichen Geistes gewonnenen Maßstäben" behandelt werden solle. Nie, so glauben wir, hat in dieser Beziehung der Minister geschwankt, nie ist er darüber in Zweifel gewesen, daß hier die wissenschaftliche Befähigung und Tüchtigkeit das Entscheidende sei, und dagegen alles Andere, soweit es nicht contra bonos mores verstoße, als untergeordnet zurücktreten müsse.

Mittelmäßige oder unbedeutende Docenten, so lange bessere Kräfte zu erlangen waren, nur deshalb zu berücksichtigen, weil ihnen sogenannte gute Gesinnung oder auch eine langjährige akademische Wirksamkeit zur Seite stehe, ließ er sich nie herbei. Es gehörte zur Aufrechthaltung dieses Grundsatzes nicht geringe Festigkeit; allein weder durch Mitleid noch durch empfehlende Protection ließ der Minister jemals zu bewußten Abweichungen sich bestimmen.

Als willkommene Stütze benutzte er die Facultäten, deren Gutachten er, so weit irgend thunlich, zu beachten pflegte, was diese Körperschaften zu um so gründlicherer Prüfung ihrer Vorschläge veranlaßte. Niemals — so versichern sachkundige und durchaus unparteiische Notabilitäten — sei der Stimme der Facultäten so viel Beachtung von Oben her zu Theil geworden. Es war dies recht eigentlich der der Anspruchslosigkeit und Gewissenhaftigkeit des Ministers entsprechende Weg, die Last seiner Verantwortlichkeit erlaubterweise zu vermindern. Wurden solchergestalt die Universitäten selbst wieder mehr als seither Organe für verantwortliche Mitregierung im Bereich des geistigen und wissenschaftlichen Lebens, so lag darin nicht nur eine Neubelebung des corporativen Elements, sondern auch das, beredter als Worte zeugende, thatsächliche Anerkenntniß, daß der Wissenschaft eine freie und autonome Stellung gegönnt werde.

In strenger Zurückweisung alles Mittelmäßigen und Unbedeutenden, wo bessere Kräfte zu haben waren, sah der Minister zugleich das einzige ihm zu Gebote stehende Mittel, ungeeignete Persönlichkeiten von der Habilitirung als Privat-Docenten fernzuhalten; denn eine directe Concurrenz hierbei steht der Unterrichts-Verwaltung nicht zu und auch die Prüfung der Facultäten kann der Natur der Sache nach den nöthigen Schutz nicht immer verleihen. Als erfolgreich ergab sich dagegen, daß thatsächlich und klar documentirt werde, die akademische Laufbahn sei nicht andern Zweigen des öffentlichen Dienstes vergleichbar, wo man bei fleißiger Arbeit im Laufe der Jahre stets eine gewisse Stellung erreichen könne — sie sei vielmehr eine ganz anders gestaltete Lebensbahn, auf der nur hervorragende Gaben und Leistungen Erfolg zu erwarten und der weniger begabte junge Leute daher von Hause aus fern zu bleiben hätten.

Obwohl der Minister auf den Wechselverkehr zwischen den Preußischen und übrigen Deutschen Hochschulen im Interesse der Wissenschaft großes Gewicht legte, war er doch vorsichtig bei der Berufung von Ausländern, die nur zu oft inmitten der inländischen Facultäten und nach deren Maßstäben gemessen, die erregten Erwartungen unerfüllt gelassen haben. Jedoch säumte er niemals, auf fremde Gelehrte alsdann zu recurriren, wenn solchen für ihr Fach und die Stelle, um die es speciell sich handelte, nicht gleich tüchtige inländische Kräfte gegenüber gestellt werden konnten. Solchergestalt sind während seiner Verwaltung mehr als zwanzig Professoren vom Ausland berufen worden.

Umgekehrt verfehlte er nicht bedeutende Gelehrte, die nicht alsbald durch gleiche oder bessere Kräfte zu ersetzen waren, soweit thunlich, den inländischen Universitäten zu erhalten, und es kommen die Fälle dieser Art an Zahl jenen Berufungen von auswärts beinah gleich.

Auch hier jedoch ging der Minister mit großer Vorsicht zu Werke und vermied es streng, leicht zu ersetzenden Mittelmäßigkeiten aus Anlaß auswärtiger Berufungen — mit denen es ohnehin oft eine eigene Bewandniß hat — übertriebene mit den Rücksichten gegen verdiente Collegen schwer vereinbare Bewilligungen zu machen. — Er besorgte andern=

falls ein unruhiges äußerliches Treiben, bei dem eher alles Andere, als wissenschaftliches Verdienst und sittlicher Werth zur Geltung kommen werde.

Die den vorstehenden Gesichtspunkten entsprechende Behandlung der Verhältnisse führte dazu, daß der Personen-Bestand an den inländischen Universitäten nicht in Stagnation gerieth, vielmehr durch Beförderung, Wechsel und Ergänzung in lebendiger Bewegung erhalten wurde.

Erhebliche Schwierigkeit hierbei bereitete der Umstand, daß die Entfernung alternder stumpf gewordener Professoren durch Pensionirung nicht gebräuchlich und deshalb das rechtzeitige Gewinnen frischer Lehrkräfte auf dem in allen anderen Verwaltungszweigen üblichen Wege nicht erreichbar ist. Daher war es von großer Wichtigkeit, daß der Minister durch mühsame Verhandlungen den Grundsatz zur Anerkennung brachte, daß in Fällen dieser Art bei vorhandenem Bedürfnisse außeretatmäßiger Berufungen das Gehalt des Ersatzmannes extraordinär zu gewähren sei. Es ist in Ausführung dieses Grundsatzes, daß, unter ungeschmälerter Erhaltung des mit der akademischen Lehrfreiheit eng verwachsenen Herkommens, eine Reihe der bedeutendsten Namen den Preußischen Universitäten theils erhalten, theils gewonnen worden sind; die Gesammtzahl beläuft sich auf weit über zwanzig.

Nach Vorstehendem und Angesichts der vielen Berufungen solcher Männer, die in kirchlicher und politischer Beziehung für ausgesprochene Gegner der vom Minister vertretenen Anschauungen gelten mußten, mag man beurtheilen, ob wirklich nach zu engen das Interesse der Wissenschaft gefährdenden Gesichtspunkten verfahren ist.

Diese Klage zielt eigentlich auch wohl auf Anderes — was oben näher angedeutet worden —; in dem hier in Frage stehenden, wesentlich doch entscheidenden Punkt ist sie sicher nicht zu begründen. Widerstrebte es uns nicht, bestimmte Namen zu nennen, wir würden fast aus jeder Disciplin einen speciellen Beleg für unsere Anführung und das selbstverleugnende Verfahren des Ministers beibringen können. Ja, so sehr ward das wissenschaftliche Interesse vorangestellt, daß an der Berliner Universität, der einzigen, wo die Statuten die Zugehörigkeit zur christlichen Kirche nicht ausdrücklich erfordern, ein **jüdischer** Privat-Docent von ausnehmender Tüchtigkeit, um ihn dem Inlande zu erhalten, zum außerordentlichen Professor der Medicin befördert wurde.

Daß der Minister im Uebrigen gegen die allgemeinen Deductionen aus Artikel 4 und 12 der Verfassungs-Urkunde den christlichen Charakter der Universitäten nach Maßgabe ihrer Statuten aufrecht zu erhalten und zu schützen wußte, bedarf kaum einer besonderen Bemerkung. Seine Stellung zu dieser wichtigen Principienfrage documentirte er sogleich nach seinem Amtsantritt dadurch, daß er die Weigerung der juristischen Facultät zu Breslau, einen jüdischen cand. jur. zur Doctor-Promotion zuzulassen, für gerechtfertigt erklärte.

Auch zeigte ein bekannter Vorgang an der zuerst genannten Universität, daß er zwischen Autonomie und Souveränität der Wissenschaft zu unterscheiden wisse und mit Nichten der Meinung war, darüber: was wissenschaftlich begründet und zulässig sei, und was nicht,

Namens des Staats sich des eigenen amtlichen Urtheils zu begeben.

Im Uebrigen blieb selbst für die Theologie mit der aus ihrer besonderen Stellung zur Kirche und deren Bekenntniß sich ergebenden Maßgabe die wissenschaftliche Tüchtigkeit das hauptsächlichste Kriterium und gegenüber dem oft erhobenen Vorwurf einseitiger Begünstigung einer bestimmten Richtung, erscheint die Bemerkung am Ort, daß unter dieser Richtung die „lutheranische" nicht gemeint sein kann. Denn vor Augen liegt die Thatsache, daß in den bedeutendsten theologischen Facultäten des Inlandes diese Richtung kaum noch vertreten ist und in Folge davon unsere jungen Theologen in früher unerhörter Zahl ausländische Hochschulen besuchen.

Erwägt man, daß wie hier die Rücksicht auf die Union theologische Notabilitäten, deren Berufung im rein wissenschaftlichen Interesse indicirt gewesen sein würde, den Preußischen Universitäten fern hielt und daß für manche Fächer, z. B. Kirchengeschichte, unter den für etwaige Berufung in Aussicht zu nehmenden Männern bedeutende Specialitäten überhaupt nicht vorhanden waren, so läßt dies die Schranken erkennen, die auch dem eifrigsten und sorgsamsten Thun auf diesem Gebiete gesetzt sind.

Wir erinnern hier sogleich noch an den schon oben angedeuteten Umschlag des frühern Interesses an der speculativen Philosophie, dem nunmehr eine beklagenswerthe Gleichgültigkeit und Abstumpfung gefolgt war. Daß der Minister hierauf und auf die unter dem wachsenden Einfluß der Naturwissenschaften zunehmende materialistische Denkungsweise mit Besorgniß blickte und seiner-

seits nichts versäumte, was dazu beitragen konnte, zu
philosophischen Studien anzuregen und auch auf wissenschaftlichem Gebiet die Materie durch den Geist zu überwinden, konnte in die Augen tretende schnelle Erfolge
nicht wohl äußern. Es hinderte nicht die Klage über
mangelnde Pflege der Philosophie und Geisteswissen-
schaften; nur Eines wurde dabei übersehen — daß ein
neuer Fichte oder Hegel, um vom Preußischen Cultusminister berufen werden zu können, vorher in Wirklichkeit
hätte existiren müssen.

Die Alles berührende Kirchenfrage griff auch in
dieses Gebiet hinüber.

Den vielerörterten Wunsch der Katholiken, die
Akademie zu Münster zu einer vollständigen Universität
erweitert zu sehen, hielt der Minister für gerechtfertigt,
unter den obwaltenden Verhältnissen aber für unausführbar. Um dennoch die Anstalt nach Möglichkeit zu
heben, sorgte er für die Gründung von drei neuen Pro-
fessuren in der philosophischen Facultät, was zur Folge
hatte, daß die dortigen Studirenden zur Erlangung der
Anstellungsfähigkeit fortan nicht noch eine andere Hochschule zu besuchen brauchen. Für die beiden paritätischen
Universitäten Bonn und Breslau wurde grundsätzlich festgestellt, daß außer für Kirchenrecht und Philosophie auch
für Geschichte jederzeit sowohl katholische als evangelische
Docenten angestellt werden sollten. Bei Besetzung der
Lehrstühle für die katholische Theologie waren die gleichen
Grundsätze leitend, wie bei den Bischofswahlen; im Verein
mit den betreffenden Diöcesan-Bischöfen, denen bestim-
mungsmäßig ein Recht der Mitwirkung zusteht, ließ der

Minister sich stets die Gewinnung solcher Männer angelegen sein, die mit gründlicher wissenschaftlicher Bildung eine entschieden kirchliche Gesinnung verbanden.

Von allgemeinen Maßregeln erwähnen wir nur die Erhöhung der Beneficien für unvermögende Studirende, die allein durch sachgemäße Beschränkung der Verwendung der Kirchen-Collecten bloß zur Unterstützung von Theologen erreicht wurde, und die Anordnung, wonach alle Beneficiaten sich von Zeit zu Zeit einer Prüfung vor einem Mitgliede ihrer Facultät zu unterziehen haben. Diese Anordnung, an sich als eine Vermehrung der Controle durch Prüfungen nicht ohne Bedenken, hat sich namentlich insofern bewährt, als sie nicht selten zur Anknüpfung näherer Beziehungen zwischen den Studirenden und Professoren Anlaß gegeben und dadurch den Punkt getroffen hat, der fast allgemein als einer der schwächsten in der jetzigen Gestaltung des akademischen Lebens empfunden wird.

In seinem Bemühen, auf ein gründlicheres und ernsteres Studium der Jurisprudenz durch veränderte Einrichtung der ersten juristischen Prüfung hinzuwirken, fand der Minister an der Stelle, deren Mitwirkung er dazu bedurfte, keine Unterstützung. Ungern stand er von dem Plane ab, überzeugt, daß die nachlässige Art, wie die juristischen Studien auf der Universität betrieben werden, — man vergleiche nur äußerlich mit dem durchschnittlichen Fleiß und Eifer der Mediciner, Philologen und Theologen den zur Regel gewordenen Unfleiß der Juristen — in Verbindung mit den Einflüssen des Allgemeinen Landrechts, wesentlich zu der Verflachung beigetragen, die der Preußischen Jurisprudenz nicht ohne Grund vorgeworfen wird. Damit doch etwas geschehe in dieser wichtigen Angelegenheit, ließ er sich die weitere Ausdehnung und Förderung der Seminar-Einrichtung bei den juristischen Facultäten angelegen sein. An einigen Universitäten hatte er die Genugthuung, die Sache, für die er auch die Geldmittel zu beschaffen wußte, einen guten Fortgang nehmen zu sehen.

Für die Verbesserung der äußeren Stellung der Professoren, der ordentlichen sowohl wie außerordentlichen, wurde Erhebliches gethan; allein die neuen Gehaltsbewilligungen und Gehaltszulagen für die Letztern betrugen nah an 25,000 Thaler jährlich. Nicht minder geschah Bedeutendes für Erweiterung, bessere Ausstattung und Neuerrichtung wissenschaftlicher Institute — Bibliotheken, Kartensammlungen, Anatomicen, Kliniken, chemische Laboratorien, botanische Gärten, Gewächshäuser ꝛc. —

Alles dies vollzog sich geräuschlos und möglichst in der Stille, was ganz dem anspruchslosen Sinn des Ministers entsprach, freilich aber nicht der Weg war, ihm den Ruf eines Mäcen zu verschaffen.

Mit den Gymnasien verhielt es sich in sofern ähnlich, wie mit den Universitäten, als ein Bedürfniß zu organischen Umgestaltungen bei ihnen ebenfalls nicht vorhanden war. Auch hier also sah der Minister als seine hauptsächlichste Aufgabe an die treue Pflege und Fortbildung des Bestehenden. Es mußte dies aber, wie wir seines Orts sehen werden, doch zu tieferem Eingreifen führen und zu sachlichen Aenderungen von erheblicher und bleibender Bedeutung.

Als nächstes und wesentliches Erforderniß einer tüchtigen Schulverwaltung ergab sich die Herbeiführung fortgesetzter persönlicher Kenntnißnahme von den inneren und äußeren Verhältnissen der einzelnen Anstalten durch die Departementsräthe des Ministeriums.

Beide — der evangelische wie der katholische Ministerialrath, selbst Philologen und Schulmänner von Fach — revidirten daher alljährlich im Turnus die Gymnasien der verschiedenen Provinzen. Nicht nur unmittelbar war die persönliche Einwirkung bei diesen Revisionen von Bedeutung; sie war auch dadurch von Wichtigkeit, daß sie für die Centralstelle die genaue Bekanntschaft mit denjenigen Persönlichkeiten vermittelte, welche für die Director- und Schulrathstellen in Aussicht zu nehmen waren.

Indem der Minister zur Pensionirung älterer schwacher Directoren stets bereitwillig die Hand bot, wurde durch Berufung jüngerer tüchtiger Kräfte ein bedeutsamer Wechsel im Personal herbeigeführt und solchergestalt in einfachster Weise eine tiefgreifende Einwirkung auf das Gedeihen der davon betroffenen Anstalten geübt.

Die Zahl der letztern war bedeutend; sie betrug mehr als die Hälfte der sämmtlichen Gymnasien der Monarchie. Nicht weniger als 72 neue Ernennungen zu Directorstellen haben während der Verwaltung des Ministers stattgefunden. Bei der Wahl leiteten ihn die uns schon bekannten Grundsätze. Wie viel ihm auch — hier noch mehr als bei Universitätslehrern — christliche Erkenntniß und Ueberzeugung galt, sah er doch an erster Stelle auf gründliches Wissen und bewährtes Lehrgeschick. Nur wo dies mit guter Gesinnung vereinigt war, konnte er Vertrauen fassen; wer blos letztere als Empfehlung producirte, war nicht sein Mann.

Eine Vereinfachung und anderweite Regulirung des Unterrichts und Studiums auf den Gymnasien war seit lange als ein Bedürfniß empfunden und schon vom Minister Eichhorn beabsichtigt worden. Aus der über dessen Verwaltung im Jahre 1849 erschienenen Schrift wissen wir, mit wie umfassenden Plänen dieser Staatsmann auch auf dem Gebiet des Schulwesens umgegangen ist, und daß einen integrirenden Theil des aus erklärlichen Gründen unausgeführt gebliebenen großen Reform-Projects auch der obige Gegenstand bildete.

Herr v. Raumer glaubte letztere nicht auf sich beruhen lassen zu dürfen und hielt dafür, daß eine Revision und Aenderung des Lectionsplanes und des Reglements für die Abiturientenprüfungen sehr wohl als eine für sich bestehende Maßregel durchgeführt werden könne. Getreu jedoch seiner Art, wollte er auch hier nicht ein Neues hinstellen, vielmehr das Alte nur reinigen und fortbilden. Nach diesem Gesichtspunkte wurde, unter gründlicher Vorberathung mit den competenten Organen der Schulverwaltung, ein verbesserter Lehrplan aufgestellt und dem entsprechend sodann das Prüfungs-Reglement modificirt. Beide Maßnahmen kamen im Januar 1856 zum Abschluß.

Ihr Zweck ist, den Gymnasial-Unterricht wissenschaftlicher und bildender zu gestalten, die alten Sprachen wieder mehr in den Mittelpunkt zu stellen, Unnöthiges zu beseitigen, die Zahl der Unterrichtsstunden zu beschränken (auf 30 in der Woche), die schriftlichen Arbeiten auf ein richtiges Maß zurückzuführen, bei der Abiturientenprüfung den Nachdruck auf die Hauptwissenschaften zu legen u. s. w.

Sowohl im Princip wie in Bezug auf die Ausführung wurde den getroffenen Anordnungen fast ungetheilte Anerkennung zu Theil. Sie haben sich durchaus bewährt und bezeichnen einen bedeutenden Schritt in der Richtung des: non multa sed multum, was so leicht zum Motto genommen und doch so schwer befolgt wird. Einem Mann aber, der selbst nach jener Regel seinen inneren Menschen gebildet hatte, dem schlichte Gründlichkeit und Wahrheit über Alles ging, sollte es nicht versagt bleiben, eine für das geistige Wohl der nachwachsenden Jugend so bedeutsame Maßregel durchzuführen.

Gern wäre der Minister von der formal=grammatikalen Behandlung der alten Sprachen noch mehr abgegangen und zu den Wegen zurückgekehrt, auf denen man — wie er meinte — ehedem fertig lateinisch sprechen und schreiben gelernt habe. Wir wissen aber, wie sehr Maßhalten und vorsichtiges Einlenken seine Sache war.

Schon vor der Revision des Lectionsplanes und Prüfungs=Reglements war im Geist derselben und in gleicher Richtung darauf hingewiesen worden, daß die unverständige Ueberlastung der Schüler, sowohl in der Klasse wie durch häusliche Arbeiten, zu vermeiden sei. Sonst — so war des Ministers Meinung — habe man mehr in den Lehrstunden gelernt, jetzt solle Alles in unlebendiger Weise dem häuslichen Fleiße überlassen werden. –

Eine Reihe allgemeiner Verfügungen über einzelne Punkte des Gymnasialwesens übergehend, bemerken wir, daß die tüchtige Vor- und Ausbildung der Lehrer dem Minister besonders am Herzen lag. Nicht nur wurde dieser Gesichtspunkt bei Besetzung der akademischen Lehrstühle für Philologie speciell in's Auge gefaßt und den bestehenden philologischen Seminarien große Sorgfalt zugewendet. Auch auf Neues dieser Art wurde Bedacht genommen und zu dem Ende versuchsweise die Einrichtung getroffen, tüchtigen, durch Lehrgeschick und anregende Kraft sich auszeichnenden Schulmännern junge Philologen zu praktischer Anleitung zur Lehrthätigkeit zuzuweisen. Eine solche seminarartige Einrichtung für den Unterricht in der Mathematik hat in Berlin sich in hohem Maße bewährt und steht bis heut in gedeihlicher Wirksamkeit.

Ein noch weiter gehender Schritt in ähnlicher Richtung war die Gründung eines Convicts an der Klosterschule zu Magdeburg für junge Theologen, die sich dem Lehrerberuf widmen wollen. — Daß letzteres wieder mehr als seither geschehe, darauf wurde in aller Weise hingewirkt, namentlich im Interesse der pädagogischen Aufgaben des Gymnasiums; denn außer Zweifel und tief in der Sache gegründet ist es, daß die erziehende Seite des Lehrerberufs von Theologen innerlicher und ernster erfaßt zu werden pflegt, als von reinen Philologen, Mathematikern u. s. w. — Es wurde daher für Einrichtung besonderer Vorlesungen für

junge Theologen gesorgt und diesen für das Oberlehrer=
Examen angemessene Erleichterung gewährt.

Die äußere Lage der Gymnasial=Lehrer zu
verbessern, war die Regierung seit lange bemüht gewesen.
Weil man aber in gewohnter Weise zu sehr generalisirt
und schematisirt hatte — nach der präsumtiven Theuerung
der Orte waren die Gymnasien in drei Klassen getheilt,
mit bestimmten Normalsätzen der Lehrergehalte, die einen
Staatszuschuß von 200,000 Thalern jährlich erfordern
sollten — war nichts oder doch nichts irgend Nennens=
werthes geschehen.

Der Minister, entschlossen, die Sache nicht in statu
quo zu lassen, nahm sie nach seiner Art in ganz concreter
Weise auf, überzeugt, daß sie andernfalls abermals nur
unnütze Schreiberei zur Folge haben werde. Von Auf=
stellung allgemeiner Gehaltssätze und Beanspruchung be=
deutender Staatszuschüsse abstrahirend, faßte er an erster
Stelle je nach den localen Verhältnissen eine Aufbesserung
der unzureichenden Lehrergehalte aus den vorhandenen
Stiftungsfonds, aus den Mitteln der betreffenden Com=
mune oder aus Erhöhung des Schulgeldes u. s. w. in's
Auge; erst wenn aus diesen Quellen wirklichen Mängeln
nicht abgeholfen werden könne, sollte aus Staatsfonds eine
mäßige Beihülfe gewährt werden.

Der nach diesen Gesichtspunkten entworfene und
durchgeführte Plan hat zur Folge gehabt, daß in der Zeit
von 1851 bis 1858 mit Hinzurechnung des 1854 bewil=
ligten mäßigen Staatszuschusses von 10,000 Thalern das
Gehalt der Gymnasial=Lehrer in Preußen um beinah
110,000 Thaler jährlich erhöht worden ist. Dieses bedeu=

tende Resultat, das eine Erhöhung von ungefähr 13 Procent der vorhandenen Gehaltssätze herbeigeführt hat, war wiederum erreicht in einfacher und geräuschloser Weise und ohne eine weitere als die eben gedachte Belastung der Staatskasse.

Fügen wir noch hinzu, daß in dem oben bezeichneten Zeitraum vierzehn neue Gymnasien entstanden sind — 2 in Preußen, 1 in Posen, 4 in Pommern, 2 in Brandenburg, 3 in Westfalen, 2 am Rhein — mit einem Lehrergehalt von beinahe 124,000 Thalern, und daß von 1853—1858 die Zahl der Schüler um mehr als 3000, die der Lehrer aber um beinahe 100 sich vermehrt hat, so zeigt dies den günstigen und blühenden Zustand des Gymnasialwesens unter der Raumer'schen Verwaltung.

Der Minister hatte an dieser gedeihlichen Entwickelung von Anfang an einen besonders warmen Antheil genommen. Selbst ein tüchtiger Kenner der alten Sprachen und durchdrungen von ihrer Grund legenden Bedeutung für höhere Geistesbildung, hatte er auf dem Gymnasium gern in Lateinischen, ja selbst Griechischen Versen sich versucht. Als nach seiner Berufung an die Spitze der Unterrichts-Verwaltung im Stettiner Gymnasial-Programm zwei von ihm dort zurückgelassene carmina saecularia — das eine über die Christianisirung Pommerns — zum zweiten Mal der Oeffentlichkeit übergeben wurden, war ihm das ein ermunternder Zuruf aus der Zeit des Lernens in die Zeit des Wirkens, eine willkommene Mahnung, den Gymnasien mit der classischen Bildung, der seine Verse ihre Form verdankten, zugleich die Segnungen des Christenthums zu sichern, dessen Einführung in die heimathliche Provinz ihren Inhalt bildet.

Wie viel auch in beiderlei Hinsicht geschehen war, befriedigte es doch seine Ansprüche bei weitem nicht.

So beklagte er, daß seine Anordnungen wegen Erleichterung der Gymnasial-Revisionen durch die General-Superintendenten, die er aus eigenem Antrieb zur Stärkung des kirchlich-religiösen Elements getroffen, so wenig benutzt worden seien und so geringe Erfolge gezeigt hätten. Eine größere Theilnahme und Thätigkeit erkannte er in Bezug auf die katholischen Gymnasien den betreffenden Bischöfen zu, lebhaft bedauernd, daß was an evangelischen Anstalten in kirchlicher und religiöser Beziehung geschehen solle, jederzeit allein von Anordnungen der Staatsbehörden erwartet werde, die der Natur der Sache nach gerade in diesem Punkte stets auf besondere Schwierigkeiten stießen und stoßen müßten.

Bei Allem, was er selbst in dieser Richtung that, war er in erhöhtem Maße bestrebt, nichts zu übereilen und alles bloß Aeußerliche und auf den Schein Gerichtete zu vermeiden; insonderheit streng wurde darauf gehalten, daß der Charakter der Gymnasien als gelehrter Anstalten vor jeder Beeinträchtigung bewahrt bleibe.

Während so die Entwickelung der Gelehrten-Schulen in lebendiger Weise fortschritt, blieb die der Real- und höheren Bürger-Schulen nicht zurück, wenn sie auch in anderer Richtung sich entwickelte, als die enthusiastischen Fürsprecher dieser Anstalten erwartet hatten.

Die Annahme, es könne der Real-Unterricht für höhere Zwecke und selbst für die Universitäts-Laufbahn die Gymnasial-Bildung ersetzen, war längst geschwunden. Sie hatte umgekehrt einer Auffassung Platz gemacht, die selbst Kaufleute, Fabrikanten, Landwirthe u. s. w. bestimmte, ihre einem gleichen Lebensberuf sich widmenden Söhne lieber einem Gymnasium als einer Realschule anzuvertrauen und die zur Folge hatte, daß auch für verschiedene Zweige des Staatsdienstes, für welche bis dahin die Realschul-Bildung genügt hatte, die Vollendung des Gymnasial-Cursus gefordert wurde.

Bereits vor Erlaß der betreffenden Anordnung, die vom Departement des Handels ohne vorgängige Communication mit dem Minister getroffen war, hatte Letzterer einer anderweiten Regulirung der Verhältnisse der Real- und höhern Bürgerschulen seine besondere Aufmerksamkeit zugewendet. Diese Regulirung erschien nothwendig auch wegen des wieder schärfer herausgebildeten Gymnasial-Princips der Gelehrtenschule, sie wurde es um so mehr durch die eben erwähnte beschränkende Anordnung in Betreff des Staatsdienstes. Noch vor Abschluß der eingeleiteten Verhandlungen erreichte die Amtsführung des Ministers ihre Endschaft.

Für die Verbesserung der äußeren Lage der Lehrer an den Real- und höheren Bürgerschulen wurde in gleicher Weise und mit gleichem Erfolge gesorgt, wie für die Gehaltserhöhung der Gymnasial-Lehrer.

Was die Volksschule betrifft, so ist oben bereits auf deren kirchlichen Ursprung und Charakter hingewiesen.

Ihren Zusammenhang mit der Kirche zu stärken und neu zu beleben, war des Ministers eifriges und klar ausgesprochenes Bestreben. Er sah den Staat gewissermaßen nur als Depositar an, der dieses wichtige Gebiet für die Kirche und deshalb im Geiste derselben zu leiten habe. Hiermit war ein fruchtbares Princip gewonnen für die Behandlung dieser ihrer Natur wie ihrem Umfang nach so überaus bedeutenden Aufgabe.

Nahe an 3 Millionen schulpflichtiger Kinder — im Jahre 1857 nach genauer Ermittelung 2,943,569 — zählt der Preußische Staat. Welche Last der Verantwortlichkeit für die Schulverwaltung, diese Seelen mit geistiger Nahrung zu versorgen, ja dafür ein Zwangsrecht zu haben, realisirbar durch Geldstrafen und Gensdarmen!

Was besagt es doch für die hohe Staatsgewalt, in die Klippschule herabzusteigen und über Lautir- und Schreibmethode, über Lesefibel und Wandtafel executorische Anordnungen zu treffen! Und wie stimmt dieser bis in die feinsten Details entwickelte verfassungsmäßige Schulzwang mit der gleichfalls verfassungsmäßigen Glaubens- und Gewissensfreiheit? — Daß dieser innere Widerspruch des doctrinär-continentalen Liberalismus die Verantwortlichkeit der Schulverwaltung nicht mindern kann, liegt auf der Hand.

Das Preußische Elementar-Schulwesen, hohen Lobes würdig wegen des Eifers und der opferwilligen Fürsorge für Volksunterricht und Volksbildung, und mit Recht berühmt wegen der bedeutenden Leistungen für die formale äußere Seite seiner Aufgabe, war doch in Bezug auf den inneren Kern und die Ausdehnung der in Wirksamkeit

gesetzten Bildungsmittel bald nach seiner Neubegründung
Gegenstand ernstester Bedenken geworden.

Wenn uns berichtet wird, daß kein Staat jemals
für Volksbildung so große Mittel aufgeboten und so große
Kräfte in Bewegung gesetzt habe, als Preußen unter dem
Ministerium Altenstein, so erfahren wir gleichzeitig, daß
schon diesem Staatsmanne selbst die Besorgniß vor einem
Fehlgehen in der gewählten Richtung und vor ungesun=
der Ueberspannung der neu etablirten Seminarbildung
nicht fern geblieben sei. Von seinem Königlichen Herrn
bedarf es darüber kaum der besonderen Versicherung. Auch
ohne die ausdrücklichen Kundgebungen, die deshalb vor=
liegen, würden wir wissen, daß des Königs nüchtern prak=
tischer Blick über die verderblichen Folgen des neuen Sy=
stems der Lehrerbildung sich nicht täuschen konnte.

Diese Erkenntniß steigerte sich unter der folgenden
Regierung, wo alsbald und aus den verschiedensten Grün=
den alle Geister der Negation wach gerufen wurden.
Kaum daß ein anderer Zweig seiner mühsamen Verwal=
tung dem Minister Eichhorn mehr Sorge und Noth
bereitet hat, als das Volksschulwesen — das verhätschelte
Kind des von der Kirche emancipirten Zeitgeistes. Wir
erinnern nur an die Vorgänge auf einzelnen Seminaren,
die bis zur Schließung und Auflösung führten, an den
demonstrativen Charakter der Pestalozzi=Stiftung, an das
Auftreten und die schließliche Amtsenthebung des Vaters
der "Deutschen Pädagogik".

Allgemein wurden die Mißstände der Seminarbildung
empfunden. Sprichwörtlich war die Halbwisserei, der Dün=
kel, das anmaßliche, unzufriedene und selbstgerechte Wesen

eines normalen Seminarjüngers, der in der dumpfen Luft seiner engen Schulstube auf Reform und Weltverbesserung sann.

Zunächst wäre eine Verbesserung ihrer eigenen Lage diesen armen Leuten wohl zu wünschen gewesen. Allein auch in dieser Beziehung geschah ungeachtet der besten Vorsätze in Wirklichkeit so gut wie Nichts. — Es blieb der bedenkliche Widerspruch zwischen einer zu hoch gegriffenen Vorbildung und einer zwar höchst ehrenwerthen, aber doch inferioren und kümmerlichen Lebensstellung in voller Spannung.

„Nec vitia nostra nec remedia pati possumus" — war die Signatur dieses peinigenden Zustandes. Das Jahr 1848 brachte die tiefen Schäden vollends zum Aufbruch. Wohl kein Stand hat ein verhältnißmäßig größeres Contingent für offene und heimliche Agitation und Hetzerei gestellt, als der Stand der Elementar=Lehrer; es erfüllte sich das Dictum: „der edle Pädagog werde sich Rebellen erziehen."

Zunächst fehlte es den Tribunen der Volksschule an äußeren Erfolgen nicht. Die Regierung selbst veranstaltete in der Sturmperiode des tollen Jahres amtliche Lehrer=Versammlungen zur Berathung der Schulfrage, und auch als die wilden Wasser der Empörung sich schon verlaufen hatten, sah man im Hotel des Unterrichtsministers noch eine Conferenz von Seminar=Directoren tagen.

Wichtiger aber, weil bleibender waren die erhöhten, schwer wiegenden und noch schwerer zu erfüllenden Zusagen der Verfassungs=Urkunde, auch der revidirten, obwohl diese gegen die octroyirte schon erheblich zurücktrat.

Indeß waren es eben nur Zusagen; denn vorsorglich verordnete Artikel 112, daß bis zum Erlaß des vorbehaltenen Unterrichts-Gesetzes es bei den jetzt geltenden gesetzlichen Bestimmungen sein Bewenden behalte.

So war denn wiederum in der Wirklichkeit nichts geändert. Die Seminare konnten ihr hohes Wesen ruhig forttreiben und die armen Schullehrer ruhig forthungern.

Momentan zwar dämpfte die eingetretene Reaction die seminaristischen Prätensionen; die neue Staatsanwaltschaft wetteiferte mit den Regierungen, durch Criminal- und Disciplinar-Untersuchungen die Reihen der weltverbessernden Jugendlehrer zu lichten. Allein im Allgemeinen hatte doch „die gewandelte Staatsform" mit ihren „Verheißungen" und „Gewährleistungen" die lange genährten Ansprüche und Erwartungen wiederum gesteigert und das Nichterscheinen des Unterrichtsgesetzes bot für erneute Agitation eine allezeit bequeme Handhabe.

Es war ein stetiges Verharren, ja Fortschreiten in einer fehlerhaften Richtung, das um so verhängnißvoller, je mehr und bestimmter das Uebel, an dem man krankte, seit lange empfunden und erkannt war. Auch über das Heilmittel war man längst nicht in Zweifel; allein es zu appliciren, dazu hatte bis jetzt Niemand sich entschließen können, obwohl unter dem Ministerium Ladenberg dahin zielende Maßregeln ernstlich vorbereitet worden sein sollen, ja im Einzelnen wirklich Hand ans Werk gelegt war.

Den entscheidenden Schritt in der Sache zu thun, war jedoch erst Herrn v. Raumer vorbehalten. Er that ihn in seiner Weise mit Umsicht, Besonnenheit und ohne Ostentation.

Zunächst war er darüber nicht im Zweifel, daß eine

innere Reform des Elementar-Schulwesens Hand in Hand zu gehen habe mit der lange versäumten Verbesserung der äußeren Stellung der Lehrer, daß Beides aber, wolle man Ernst machen und nicht wiederum die Ausführung in's Ungewisse schieben, von dem angekündigten Unterrichtsgesetz — also von gleichzeitiger legislativer Regulirung der Universitäten, Gymnasien 2c. — streng getrennt zu halten sei.

Die weitere Frage, ob zum Zweck der Erhöhung der Lehrergehalte ein Einschreiten der Gesetzgebung erforderlich und rathsam, mußte aus mehr als einem Grunde verneinend beantwortet werden. Nicht weniger die Bestimmungen der Verfassungs-Urkunde, namentlich über die Aufhebung des Schulgeldes, wie das andauernde Provisorium in der Gemeinde-Verfassung, mit welcher die externa der Ortsschule im engsten Zusammenhange stehen, würden unlösbare Schwierigkeiten bereitet haben. Auch fand der Minister für den nächsten Zweck eine administrative Regulirung ausreichend, indem nach seiner Ansicht das bestehende Recht den Regierungen unzweifelhaft die Befugniß gab, den unzureichend besoldeten Lehrern durch Erhöhung des Schulgeldes, oder durch directe Heranziehung der zur Erhaltung der Schule Verpflichteten ein den Localverhältnissen entsprechendes Einkommen zu vermitteln.

Auf dieser Grundlage wurden im Frühjahr 1852 die nöthigen Anordnungen getroffen, unter Voranstellung der Gesichtspunkte, daß es nur um Befriedigung der dringendsten Bedürfnisse sich handeln und von Aufstellung allgemeiner Normalsätze nicht die Rede sein könne. Die Feststellung des zu gewährenden Einkommens nach mäßigen

Ansprüchen, unter genauer Berücksichtigung der örtlichen Verhältnisse, blieb dem pflichtmäßigen Ermessen der im Uebrigen mit genauer Instruction versehenen Regierungen überlassen. Wo die Kräfte der Verpflichteten nicht ausreichten, wurde eine Beihülfe aus Staatsmitteln in Aussicht gestellt.

Den näheren Verlauf der von oben her energisch fortbetriebenen Angelegenheit darzulegen, ist hier der Ort nicht. Wir bemerken bloß, daß ein Bedürfniß zur Erhöhung des Lehrer-Einkommens vornehmlich nur da hervortrat, wo die Lehrer nicht zugleich Kirchenbeamte (Küster)*) waren und nicht aus älteren Dotationen Naturalien zu beziehen hatten, daß die getroffenen Anordnungen, wenn auch Reclamationen der Verpflichteten nicht ganz ausblieben und einzelne Provinzialbehörden mehrfach der Anregung bedurften, im Allgemeinen sich als höchst angemessen erwiesen haben und der Erfolg die gehegten Erwartungen übertroffen hat.

Die Summe, um welche mit Hinzurechnung der aus Staatsmitteln gewährten Zuschüsse das Lehrer-Einkommen — und zwar fest und dauernd — verbessert ist, betrug:

am Ende des Jahres 1852   33,634 Thaler
„   „   „   „   1853   82,652 „
„   „   „   „   1854   169,877 „
„   „   „   „   1855   224,841 „
„   „   „   „   1856   296,920 „
„   „   „   „   1857   426,762 „

---

*) Es ist dieser Umstand nicht ohne vielsagende Bedeutung, der die Idealisten der reinen Staats-Volksschule weiter nachdenken sollten.

Es ist mit diesem Zeitpunkt die Operation selbst noch nicht geschlossen und auch das ein Vorzug der getroffenen Anordnung, daß sie geeignet erscheint, nöthigenfalls bei veränderten Preisverhältnissen zum ferneren Anhalt zu dienen. Hierbei hatte der Minister namentlich die Städte im Auge, von denen er meinte, daß sie bei äußerer Schaustellung eines großen Interesses an der Schule doch wenig Opfer dafür zu bringen geneigt seien.

Nehmen wir zu den obigen Beträgen diejenigen 35,000 Thaler hinzu, welche seit Jahren auf Grund des Budgets als außerordentliche Lehrer-Unterstützung alljährlich zur Vertheilung kommen, so ergiebt sich, wie viel der Stand der Elementarlehrer in Bezug auf seine äußere Lage der Raumer'schen Verwaltung zu verdanken hat.

Dem Minister gereichte, was ihm gelungen war, zu großer Befriedigung; nur wünschte er, das Erreichte möge die Ansprüche nicht in's Ungemessene steigern. Im Hinblick darauf, daß der Unterhalt der gesammten Elementarschulen des Staates — etwa 24,500 mit circa 33,000 Lehrern und Lehrerinnen — schon gegenwärtig einen Kostenaufwand von ungefähr $8\frac{1}{2}$ Millionen, also durchschnittlich $\frac{1}{2}$ Thaler pro Kopf der Bevölkerung erfordert, besorgte er von den utopischen Forderungen idealistischer Volkspädagogen einen Rückschlag, der das Gedeihen und die Wirksamkeit der Elementarschule sehr beeinträchtigen könne.

Anlangend die Leitung der interna, so würde Herr v. Raumer gemäß seines oben bezeichneten Standpunkts, was für innere Förderung der Schulen geschehen sollte, am liebsten der Kirche überlassen haben.

Diesen Gesichtspunkt befolgte er auch in Bezug auf die katholischen Schulen in soweit, daß er die innere Gestaltung und Leitung des Unterrichts wesentlich den Organen der Kirche überließ und die staatliche Mitwirkung dabei nicht weiter ausdehnte, als die bestehende Schulverfassung es erforderte. Wo dies der Fall — wie bei der Wahl und Ernennung von katholischen Schulräthen und Seminar-Directoren — leiteten ihn die uns schon bekannten kirchenfreundlichen Grundsätze. In gleichem Sinne gestattete er den bischöflichen Behörden gern eine Mitwirkung bei Anstellung der Lehrer, und führte, wo dieser Punkt noch nicht geordnet war, die Verhältnisse aber solches gestatteten, unter Allerhöchster Sanction bereitwillig dessen nähere Regulirung herbei. Die Schulschwestern als Lehrerinnen zuzulassen, trug er kein Bedenken, vorausgesetzt, daß sie die allgemein vorgeschriebenen Bedingungen erfüllten.

In Bezug auf das evangelische Volksschulwesen mußte der Minister nach Lage der Sache die Sorge für die innere Gestaltung und Verbesserung selbst übernehmen.

Die Punkte, die nach den oben angedeuteten Mißständen für eine Reform von selbst in die Augen traten, waren einerseits festes und bewußtes Wiederanschließen an die Grundlehren des Christenthums, als das alleinige durch Nichts zu ersetzende Fundament der Volksbildung und andererseits Vereinfachung und Consolidirung des Lehrstoffs zur Befreiung von hohler Vielwisserei und aufblähender Halbbildung.

Nachdem in diesem Sinne eine Reihe einzelner An-

ordnungen getroffen und durch Ernennung tüchtiger Män=
ner zu Schulräthen und Seminar=Directoren für Durch=
führung umfassender Maßnahmen geeignete Organe ge=
wonnen waren, erschienen nach reiflicher und gründlicher
Vorberathung, unter speciellster persönlicher Betheiligung
des Ministers, im Jahre 1854 die vielbesprochene Re=
gulative. Es sind deren, wie bekannt, drei:

1). Regulativ für den Unterricht in den evangelischen
Schullehrer=Seminaren,

2) Regulativ für die Vorbildung evangelischer Seminar=
Präparanden,

3) Grundzüge, betreffend Einrichtung und Unterricht
der evangelischen einklassigen Elementarschule.

Ihren Inhalt näher darzulegen, ist hier der Ort
nicht; ihre leitenden Gedanken und ihre Zielpunkte sind
vorstehend genugsam angedeutet.

Die Annahme, es sei durch sie die Aufgabe der
Seminare und Schulen herabgedrückt, wies der Minister
entschieden zurück; er hielt dafür, daß es mehr geistige
Kraft und Arbeit erfordere, auf einem bestimmten Felde
des Wissens gründlich zu Hause zu sein, als aus verschie=
denen Gebieten abgerissene Bruchtheile mechanisch sich an=
zueignen. Daß Anthropologie, Psychologie, Katechetik und
andere hochtönende Namen aus dem Lectionsplane der
Seminare verschwanden, hielt er demnach für keine Einbuße.

Besonderes Gewicht legte er darauf, daß die Regulative sich nicht mit Aufstellung abstracter Sätze über
christliche Volksbildung und Vereinfachung des Unterrichts
befassen, wie solche von wohlmeinenden Stimmen häufig,
aber stets ohne Erfolg, formulirt seien, sondern daß sie

durch specielle, auf gründlicher Kenntniß des Schulwesens beruhende Vorschriften die allgemeinen Gesichtspunkte aus der Sphäre der Abstraction herausheben und sie der Schule und ihren nächsten Zwecken in lebendiger Weise dienstbar machen.

So war erreicht, woran so lange, aber vergeblich gearbeitet worden. Es war der Bann gelöst, der auf unserm sonst so trefflichen Volksschulwesen gelastet, der innere Schaden beseitigt, der am Mark unserer Jugendbildung genagt hatte.

Und merkwürdig — was das alte Regime gefehlt, ein constitutioneller Minister hat es wieder gut gemacht.

Mag man auf dasjenige sehen, was durch die Regulative beseitigt ist — das volksverderbende Treiben eines räsonnirenden kosmopolitischen Schulmeisterthums — oder auf dasjenige, was an dessen Stelle getreten — die Retablirung des Jugend-Unterrichts auf christlich-nationaler Grundlage, wie die Reformatoren für das „arme Volk" forderten — in beiderlei Beziehung war ihr Erlaß von Epoche machender Bedeutung.

Hätten wir von dem verewigten Minister nichts weiter empfangen, es würde dieses Vermächtniß, wodurch mit klarem Blick und sicherer Hand eine große staatsmännische Aufgabe zur Lösung gebracht ist, hinreichen, sein Andenken in Segen zu erhalten.

Von den Anordnungen, die theils vor, theils nach dem Erlaß der Regulative über einzelne Gegenstände der Schulverwaltung erlassen worden, erwähnen wir nur das Verbot des Jagens für die Schullehrer und die Ver-

7*

fügungen wegen Unterrichts der Fabrik- und der Hütekinder, wegen Vorbildung zum Lehrerberuf außerhalb der Staatsseminare, wegen innerer Einrichtung der mehrklassigen Elementarschule und Aufhebung der im Jahre 1849 in Erwartung des Unterrichts-Gesetzes angeordneten Suspension der Preußischen Provinzial-Schulordnung.

Von hervortretender principieller Bedeutung war, daß der Minister die confessionelle Sonderung der Schulen thunlichst aufrecht erhielt und förderte, unbeirrt durch das häufige Widerstreben der betheiligten Communen und durch den Gegensatz einzelner Provinzial-Behörden, die im Geist der Aufklärung und des Indifferentismus den Simultan-Schulen das Wort redeten.

In gleichem Sinne und in gleicher Erkenntniß der Bedeutung des ersten Jugendunterrichts für das innerste Gemüths- und Seelenleben sorgte er dafür, daß in den nicht Deutsch redenden Landestheilen der Muttersprache die ihr gebührende Stelle in der Volksschule verbleibe. In beiden Beziehungen erschien es ihm durchaus unzulässig, die sittlich-religiöse Aufgabe der Jugenderziehung den äußeren Rücksichten pecuniären Interesses oder politischer Zweckmäßigkeit unterzuordnen.

Wohl auf keinem Gebiet der Landesadministration war im Verlauf einiger Jahre eine so große Umgestaltung erreicht, als auf dem der Elementarschule. —

Der Lehrerstand, beim Amtsantritt des Ministers pecuniär gedrückt, social verbittert, politisch discreditirt, sah am Ende der Raumer'schen Verwaltung seine äußere Lage erheblich verbessert, seine Lebensstellung gesunder geordnet und das öffentliche Vertrauen seiner Wirksamkeit wieder zugewendet.

Die Schule, seit lange ein Gegenstand ernster Klage und Besorgniß aller tiefer blickenden Patrioten, war durch thunlichste Zurückführung auf ihre alte bewährte Basis wieder zu einem festen Pfeiler unserer heimischen Institutionen geworden.

Mit dem ihr von Neuem zuerkannten christlichen Charakter war von Neuem und in wirksamster Weise der christliche Charakter auch des Staates bezeugt; thatsächlich war manifestirt, daß „das Volk in Waffen" nicht ferner in fleischlicher Selbstüberhebung ohne die Waffen geistlicher Ritterschaft gefunden werden wolle.

Es gilt dies von den Gymnasien nicht weniger, wie von den Elementarschulen, und von den katholischen nicht weniger wie von den evangelischen Anstalten.

Ist es wahr, daß wer die Schule hat, dem die Zukunft gehört, so dürfen wir an der Zukunft Preußens so lange nicht verzweifeln, als in unseren Schulen auf den vom Minister erneuten Grundlagen die Jugend des Landes zur Treue gegen ihren himmlischen und irdischen König mit Ernst und Hingebung herangebildet wird.

V.
Medicinalwesen.

Gedenken wir noch mit einigen Worten der Medicinal-Verwaltung, so ist zu bemerken, daß selbst ihr Bereich, wie fern demselben auch die Politik zu liegen scheint, von den Erschütterungen des Jahres 1848 nicht unberührt geblieben war.

Der Minister fand bei seinem Amtsantritt den Entwurf eines neuen Medicinalgesetzes vor, das, der fieberhaften Codificationssucht Rechnung tragend, das gesammte Medicinalwesen nach neuen Gesichtspunkten reguliren sollte. Er legte diesen Entwurf, der im Einzelnen manches Treffliche enthielt, getrost zurück, entschlossen, die einer Reform bedürftigen Punkte im Wege specieller Anordnung zu reguliren.

Dahin gehörten zunächst die Bestimmungen über das Prüfungswesen, die der Entwicklung der Wissenschaft nicht überall gefolgt waren. Eine völlige Umarbeitung und neue Redaction des bestehenden Reglements vom Jahre 1825 wurde nicht beliebt, vielmehr wurden nur Zusätze entworfen, die nach sorgfältiger Vorberathung mit bewährten Fachmännern im Jahre 1852 in Geltung traten. Im Jahre 1857 erhielten sie noch eine Vervollständigung durch Aufnahme der Physiologie in die Reihe der Prüfungsgegenstände.

Im Zusammenhang hiermit und mit näheren Bestimmungen über verbesserte Einrichtung des klinischen und geburtshülflichen Cursus stand die wichtige Anordnung der **Decentralisation der großen Staatsprüfung**, die ehedem nur in Berlin absolvirt werden konnte. Dieser Schritt schien dem Minister geboten nicht weniger im Interesse der medicinischen Wissenschaft, die bei fortgesetzter Uniformirung in der Residenz nicht gewinnen konnte, als im Interesse der Provinzial-Universitäten und ihrer Entwickelung zu höherer Selbständigkeit. Es war kein Grund abzusehen, warum großen wissenschaftlichen Corporationen die Kräfte und Mittel fehlen sollten, Studirende, die sie für ihren Lebensberuf ausgebildet, dafür auch zu prüfen. Die neue Einrichtung hat sich durchaus bewährt und ist von Sachkundigen als die endliche, lange ersehnte Umkehr bezeichnet worden von dem Princip falscher Centralisation, dem ein neues Medicinal-Edict im Sinne des vom Minister reponirten Entwurfs wiederum Vorschub geleistet haben würde.

Eine Reihe von Anordnungen über Gegenstände von mehr technischem als allgemeinem Interesse übergehen wir, und erinnern nur noch an des Ministers energische Mitwirkung zur Aufhebung der, bekannten Einflüssen gelungenen, Wiedereröffnung liederlicher Häuser in Berlin, so wie an seine Fürsorge für Verbesserung der Krankenpflege und Seelsorge in den Krankenhäusern und Spitälern.

Das Diakonissenhaus Bethanien und das katholische Krankenhaus in Berlin — beide versorgt durch den geordneten Dienst christlicher Liebe — trugen wesentlich dazu bei, einen bessern Geist in die lange versäumte öffentliche Krankenpflege zu bringen. Auch die trefflich geleitete Charité leistete in dieser Beziehung so viel, wie ihr Charakter als medicinische Bildungs-Anstalt irgend möglich machte. Daß v. Raumer diesem Streben sowohl hier wie in den übrigen von ihm ressortirenden Anstalten in jeder zulässig scheinenden Weise voll warmer Theilnahme fördernd entgegen kam, wird kaum der besondern Bemerkung bedürfen.

VI.

Schluß.

Am Schluß unsrer Darstellung angelangt, weisen wir zurück auf das, was wir über die persönliche Selbstlosigkeit des Ministers, über die Principien, die sachlich sein amtliches Handeln bestimmten und über die ihm gewordene Aufgabe am Eingang gesagt haben.

Zweien Epochen der Monarchie gehört seine Amtsthätigkeit an, die bei aller Verschiedenheit doch eng zusammenhängen.

Die Blüthezeit der alten Bureaukratie war mit dem Jahre 1840 vorüber, wenn auch das offene Gericht über sie sich erst im Jahre 1848 vollzog. Wenn aber die nächste Folgezeit des schmachvollen Jahres aus der Zahl der sachmäßig durchgebildeten Beamten wieder solche Persönlichkeiten stellen konnte wie v. Raumer u. A., so zeigt dies, daß auch das Jena der Bureaukratie noch einen tüchtigen und gesunden Kern von Beamten geborgen hatte. Und wie die großen Schlachten der Freiheitskriege nicht zu schlagen waren ohne die Schule und Disciplin der alten Armee, so wäre bei dem complicirten Staatswesen Preußens ein erfolgreicher Widerstand gegen die innere Revolution schwer gedenkbar gewesen ohne gründliche Kenntniß des höheren Staatsdienstes.

Unter den Männern, die zu diesem Widerstande berufen worden, nimmt v. Raumer sicher nicht die letzte Stelle ein.

War die altpreußische Zucht abgethan, so bedurfte es, sollte der Staat nicht wüster Freiheit und Dissolution zur Beute werden, um so mehr des bewußten Ergreifens christlicher Principien voll wahrer Freiheit und Zucht zugleich. Und wer hätte diesen ernster und treuer nachgerungen, als der um deswillen vielgeschmähte Cultusminister?

Sein Glaubensernst und seine Glaubenstreue war es, was ihn in den Stand setzte, das kirchliche Gebiet gegen die andringenden Mächte der Auflösung auf allen Punkten mit Energie und bis auf einen auch mit Erfolg zu vertheidigen, das Gebiet der Schule aber, um das so lange und so hart gekämpft war, siegreich wieder zu erobern, und in kaum erwartetem Maße einem bessern Geiste dienstbar zu machen. Aus der gleichen Quelle leitet sein Verhalten gegen die katholische Kirche sich her, das zugleich und vor Allem auch von seinem staatsmännisch=kirchlichen Blick Zeugniß giebt.

Gegen solche Eigenschaften und Leistungen treten die oft wider seine Verwaltung erhobenen Ausstellungen, auch wo sie an sich nicht unbegründet sind, als untergeordnet zurück.

Vielen unsrer Staatsmänner lassen größere Entwürfe, vielen auch größere Vollbringungen sich nachrühmen.

Wenige aber werden sein, die mit so einfachen Mitteln in gleich einfacher und geräuschloser Weise gleich Tüchtiges und Bedeutendes geleistet.

„Mehr Sein als Schein" — diese Worte kennzeichnen, wie seine innerste Persönlichkeit, so auch sein amtliches Thun und öffentliches Wirken.